1

On ne fait pas revivre le passé, on l'invente, se disait Thérèse dans ses moments d'angoisse. Mais elle en avait peu, cette Parisienne d'adoption dont la mémoire pouvait ainsi gommer son enfance et son adolescence. Comme si elle n'était pas née dans un petit village de Haute-Garonne, cinq ans après le coup d'Etat de Napoléon III. Comme si son père, Auguste le roublard (qui se faisait appeler comte d'Aurignac parce qu'il possédait un petit castel dans la région de Toulouse), n'avait pas dirigé une agence matrimoniale. Comme si, pour Thérèse, la vraie vie n'avait commencé qu'en septembre 1878, quand elle avait épousé Frédéric, le fils du célèbre Gustave Humbert, professeur de droit romain, sénateur puis garde des Sceaux.

A quoi ressemblait-elle, la future grande Thérèse, à cette époque-là ? D'aucuns la trouvaient laide et sèche. Mais qui saura dire sans fioritures ce que recouvre le mot charme ? Il y avait déjà une force joliment maîtrisée chez cette jeune femme qui faisait de son léger zézaiement, non pas un handicap, mais une sorte d'attrait. Sa personnalité retenait l'intérêt, captivait. Frédéric s'était le premier laissé séduire, lui qui croyait, au départ, faire un « mariage d'argent ». En fait, la dot de Thérèse était inexistante, mais qu'importait puisque la jeune mariée était pétrie d'ambition et maternait son époux distingué, lui permettant de jouer les artistes, les poètes, les enfants gâtés.

De vrais enfants, il y en eut très vite chez les Frédéric Humbert : d'abord Eve, la fille légitime, une angélique beauté blonde aux yeux rêveurs; puis Marie, la très jeune sœur de Thérèse. On ne pouvait reprocher à cette dernière de n'avoir pas le culte de la famille. Telle une mère poule, il lui fallait tous les siens autour d'elle. Car bientôt le clan s'agrandit : Emile et Romain Daurignac, les deux frères de Thérèse, vinrent s'installer dans l'hôtel particulier des Humbert, avenue de la Grande-Armée. D'octobre à juin, les réceptions et les fêtes s'y succédaient. C'était somptueux. On y recevait le Tout-Paris. Casimir-Perier y donnait de cinglantes explications sur sa démission de la présidence de la République. Freycinet y parlait du regretté Gambetta dont il avait été le bras droit. Le général Boulanger séduisait toutes les femmes, mais ne pensait qu'à la belle Marguerite. Deschanel y rongeait son frein, mesurant ses chances de vaincre un jour son ennemi Clemenceau. Les grands noms des arts y côtoyaient ceux du barreau et de la finance. Mais c'était surtout en circuit fermé que s'y divertissait le clan Humbert-Daurignac. Une complicité allègre, presque bouffonne, qui étonnait. Frédéric et Thérèse étaient les plus terribles : deux vieux fous enfermés dans un bonheur noir. Ces gens-là étaient unis pour le meilleur et pour le pire.

Le meilleur, c'étaient les quinze années qui avaient précédé la mort dc Gustave Humbert, en 1894. Procureur général de la Cour des comptes avant de devenir ministre de la Justice, ce dernier avait considérablement aidé son fils et sa belle-fille. Sans lui, il est probable que les médiocres se seraient déchaînés un peu plus tôt. On n'est pas l'héritière d'une très grosse fortune sans que les requins se précipitent pour tenter de vous dévorer. Il fallait entendre les envieux s'écrier : « Les Humbert-Daurignac valent cent millions! » Et ils rêvaient, calculaient, comparaient... Avec cinq mille francs, on louait à l'année un luxueux appartement, et avec vingt mille francs de revenus,

Thérèse Humbert

LAURENCE ORIOL | *ŒUVRES*

Laurence Oriol

Thérèse Humbert

d'après la grande série TV
écrite par Jean-Claude Grumberg
sur une idée de
Simone Signoret

Éditions J'ai Lu

une famille de grands bourgeois vivait confortablement et s'offrait une loge à l'Opéra. Alors, avec cent millions!

Certes, avant de pouvoir toucher les titres et les obligations que lui avait légués l'Américain Robert-Henry Crawford, par testament olographe, Thérèse devait se défendre contre les deux neveux du défunt qui contestaient ce testament. Mais ce n'était qu'une question de temps. Chacun savait que Thérèse finirait par triompher. On ne pouvait comparer son cas à celui du beau Boni de Castellane qui venait de réussir un coup de maître en épousant la plus riche héritière américaine : Anna Gould. Mais Thérèse avait tout de même la possibilité d'emprunter. Et les prêteurs ne la ménageaient pas. Une reconnaissance de dette de six millions pour un prêt de cinq! Des intermédiaires s'octroyant des commissions qui allaient jusqu'à quarante pour cent! Oui, des requins.

La presse ne faisait qu'attiser le feu, comme si elle se lassait d'exercer ses griffes avec l'affaire Dreyfus et les crises ministérielles de la bancale Troisième République. Ainsi, la feuille antisémite de Drumont, *La Libre Parole*, que lisait ce matin Frédéric Humbert, allait-elle un peu trop loin.

Mince, d'une sobre élégance, le front haut, l'œil clair, le nez bref, les cheveux lustrés et grisonnants, Frédéric était pour Thérèse un mari attentif et charmant. Il avait la discrétion et la suavité qui manquaient à sa femme. Elle était fière de l'avoir épousé et qu'il l'aimât. Elle regardait sans se lasser ce beau visage découpé comme un fin nuage, transparent et calme, derrière lequel on sentait rayonner la tendresse.

Frédéric adorait lire les journaux, ce que Thérèse prenait rarement le temps de faire. Alors il les lui commentait avec humour :

– Ecoute, ma douce...

Mais Thérèse s'était précipitée vers la fenêtre et l'ouvrait.

– Tu entends cette rumeur? Je suis sûre que c'est la foule qui hue Zola. Son procès n'est même pas commencé que, déjà, on l'écharpe!

Frédéric avait pâli. Il se leva, fila vers la porte; l'escalier passa sous ses pieds, à peine réel, et il traversa rapidement le hall large et majestueux. Un valet lui ouvrit la porte d'entrée.

Dehors, la clameur devenait distincte. C'était en fait une chanson que hurlaient les antidreyfusards :

Zola, c'est un gros cochon,
Plus il devient vieux, plus il devient bête,
Zola est un gros cochon,
Quand on l'attrap'ra,
Nous le flamberons.

Bouleversé, Frédéric regagna son hôtel particulier massif et sombre avec ses balcons de pierre sculptée et les fenêtres en arcades coupées en deux par une fine colonnette. Les murs de plusieurs mètres d'épaisseur abritaient leurs folies, leurs joies et leurs déboires.

Il rejoignit Thérèse :

– Oui, c'est bien Zola qui est épinglé. Zola et son *J'accuse*. Zola qui ose défendre publiquement le capitaine Dreyfus. Pauvre vieux! Mais demain, c'est peut-être nous qui deviendrons les bêtes noires de la presse. Ecoute ce que dit déjà le journal de Drumont :

Mme Thérèse Humbert, dite la grande Thérèse ou l'héritière aux cent millions, belle-fille de Gustave Humbert, ex-garde des Sceaux, frère trois points et panamiste garanti par le gouvernement, est toujours en procès avec deux vilains Américains, les frères Crawford, duettistes bien connus outre-Atlantique, qui lui contestent son héritage. En attendant, la malheureuse emprunte sans jamais rendre et achète sans rien payer, dans le plus pur style talmudique et panamiste, tandis que son magot, bien au chaud, s'arrondit tous les jours. Merci messieurs Crawford et vive la justice française!

Il tendit le journal à Thérèse :

– Regarde, il y a un dessin.

– Il faut absolument trouver une solution, dit-elle en jetant un coup d'œil sur la caricature de *La Libre Parole*. (Elle préférait celle de *L'Assiette au beurre*, parue huit jours plus tôt et qui mettait face à face deux hommes dont l'un disait : « Les Humbert me devaient 650 000 francs et je perds 500 000 francs, monsieur, avec ces canailles. – Ah! Et combien leur aviez-vous prêté? – 100 000 francs. ») Trouve une solution, Frédéric, insista Thérèse.

– Je n'oserais pas, répliqua-t-il avec une tendre ironie. Tu es trop douée, tu fais de l'ombre au pâle juriste que j'ai été.

– Il me semble que ton père avait en grande estime un notaire de Rouen, un certain...

– Dumort. Oui. Un homme intègre. Une belle honnêteté, ce qui devient rare aujourd'hui. L'idée est à examiner.

– A prendre à bras-le-corps plutôt. Nous n'avons plus de temps à perdre. Allons là-bas, Frédéric. Allons-y au plus tôt...

– Il faut le prévenir...

– Ecrivons-lui. Mieux : téléphonons.

Frédéric consentit à se lever avec un sourire fatigué.

– Je m'en occupe, dit-il. Fais préparer nos bagages.

Leur arrivée à Rouen, en début d'après-midi, fut très remarquée. Le luxe de leurs vêtements, de leurs bagages, leur renommée qui avait pénétré dans les provinces les plus reculées grâce aux journaux et aux caricaturistes dont Thérèse était devenue l'une des cibles favorites ne pouvaient laisser indifférente cette bonne ville normande que les Humbert honoraient de leur visite.

Précédée de Me Dumort et suivie de Frédéric, Thérèse qui, à l'approche de la cinquantaine, avait pris quelques rondeurs et une assurance matoise, traversa la salle des clercs qui dégringolèrent de leur tabouret pour mieux la contempler. L'un d'eux se précipita pour ouvrir à deux battants les portes du bureau de Me Dumort.

– Nous nous efforcerons de nous montrer dignes de la confiance dont vous avez la bonté de nous honorer, dit le notaire en avançant un fauteuil pour Thérèse.

C'était un homme d'une cinquantaine d'années qui avait fini par ressembler à son étude, à ses boiseries : une rigueur provinciale de bon goût. Brun, la moustache épaisse, le regard bienveillant, attentif, il inspirait la confiance et la sympathie.

– Madame, je vous écoute, dit-il après s'être installé derrière son bureau.

Thérèse se cala dans son fauteuil et enleva ses gants.

– Depuis des années, maître, je suis la proie de tous vos confrères parisiens. Je ne sais plus à quel saint me vouer. Je suis désespérée. Paris et les Parisiens me sont devenus odieux. Mon mari et moi, nous sommes de la région de Toulouse...

Frédéric ne bronchait pas. Mains croisées sur sa canne, il observait tour à tour sa femme et le notaire, qui parut soudain prendre conscience de sa présence :

– Je connaissais Monsieur votre père et lui vouais admiration et respect.

– Tant que mon cher beau-papa était là, reprit Thérèse, il nous conseillait, nous éclairait. Il connaissait tous les détails de la succession Crawford. Il avait même trouvé une erreur de six cent mille francs dans les comptes qui nous avaient été fournis. Maintenant, mon mari et moi, nous sommes pour ainsi dire livrés aux requins. Je suis une femme très simple et je ne demande qu'à être laissée en paix. Mon mari...

– J'ai fait mon droit, enchaîna Frédéric, comme tout le monde, mais tout cela est déjà loin...

Me Dumort restait silencieux, fasciné par cette

femme qui se disait « toute simple » et qui faisait tant parler d'elle. Il la trouvait majestueuse dans sa robe très « vlan » de chez Cheruit, qui moulait son buste avantageux et affinait sa taille.

– Comme vous le savez, maître, dit-elle, je suis l'héritière de la plus grosse fortune de France, mais les prêteurs connaissent mes espérances et me prennent à la gorge. Ils se donnent le mot. Il n'y a pas un jour où je ne sois sollicitée par un notaire, un avoué, un conseiller financier. Le monde entier veut prêter de l'argent à Thérèse Humbert, et le monde entier veut faire signer à Mme Humbert des reconnaissances de dette ou des billets à ordre avec « clause très spéciale ». Tous les usuriers de la terre campent dans mon antichambre.

Le notaire sourit, plus admiratif qu'ironique.

– Madame, vous n'êtes pas obligée d'accepter leur argent!

– Et comment vivre, maître? (Elle aussi souriait; il y avait une lumière très gaie dans ses yeux ensoleillés.) Et comment payer les procès? reprit-elle. Depuis quelques années, les neveux de Robert-Henry Crawford contestent mon héritage. J'essaie en vain d'en finir pour réaliser, rembourser! Qu'y puis-je, moi, si la justice est impuissante et ne peut nous départager, les Crawford et moi?

Depuis ces années dont parlait Thérèse, le registre de sa voix avait baissé; et elle jouait superbement de ces tonalités qui commençaient bas et filaient par bonds légers jusqu'à des régions très suaves.

– Peut-être pourriez-vous déjà trouver de l'argent moins cher, suggéra Dumort. Mais en attendant, chère madame, prenons les faits et examinons-les simplement. Vous voulez bien?

Elle parut effrayée, comme s'il lui posait un problème trop compliqué pour elle.

Frédéric vint à son secours :

– Ma chère, veux-tu que j'intervienne?

– Non, dit-elle en se reprenant. Je peux très bien

répondre à Me Dumort s'il me pose des questions faciles.

– Deux ou trois, pas plus, dit le notaire en s'emparant d'un bloc de papier et d'un porte-plume.

Thérèse paraissait hésiter. Son large visage exprimait une féroce et saine candeur.

– Entre provinciaux, dit-elle enfin, je suis sûre que nous allons très bien nous comprendre. (Puis, avec un léger zézaiement, elle expliqua qu'elle était née à Aussonne, Haute-Garonne, dans un « château » que les jaloux baptisaient « ferme ».) C'est là que j'ai connu mon mari, ajouta-t-elle. Et le malheur est arrivé quand nous sommes montés à Paris.

– Quel malheur? s'étonna le notaire.

– J'ai hérité de ce Robert-Henry Crawford.

Cette fois, Me Dumort rit franchement :

– Madame, bien des gens rêveraient qu'un tel malheur les frappât.

– J'en rêvais aussi, avant, dit Thérèse. Mais maintenant... Depuis l'opposition des neveux Crawford, c'est l'enfer.

Un sourire traversait ses longs yeux comme une insolence et il émanait de toute sa personne quelque chose d'indiciblement ordinaire. Mais Dumort restait subjugué.

– Cette fortune, dit-il, comment se présente-t-elle?

– Cent millions de francs, en titres et en obligations, répondit Thérèse avec simplicité.

Et le silence tomba sur l'étude avec la densité d'un personnage. Lentement, le notaire nota le chiffre. Puis il releva la tête, et les Humbert eurent l'impression très nette que son regard avait changé : ce n'était plus de l'admiration, c'était du respect qui s'y reflétait.

Dumort était lui-même un homme très riche, il recrutait ses clients parmi la grande bourgeoisie industrielle et commerçante. Mais cent millions de francs...

– Valeurs françaises? s'enquit-il.

– Françaises et étrangères, répondit Thérèse. Robert-Henry Crawford était américain et résidait en France.

– Où se trouvent actuellement ces titres et qui les gère?

– Ils sont chez moi, avenue de la Grande-Armée, dans mon propre coffre. J'en ai été nommée séquestre après transaction entre nous et les neveux Crawford, représentés par Me Parmentier, notaire au Havre...

De nouveau, Dumort rit franchement :

– Séquestre! Transaction! Je vois que vous êtes totalement au fait de notre jargon, madame!

– Maître, j'ai dû tout apprendre *sur le tas*, répliqua Thérèse.

Frédéric eut un sourire embarrassé, comme si lui-même était vraiment gêné par la vulgarité de l'expression. Mais Dumort ne pouvait pas comprendre qu'il s'agissait en fait d'une sorte de « numéro ». Humbert et sa femme étaient totalement et affectueusement complices.

– Ma chère, dit-il, tu vas choquer Me Dumort.

– Mais non, mais non, protesta le notaire. Tout cela est très sympathique.

– Ce le serait encore plus si nous poursuivions cette conversation autour d'une bonne table, proposa Frédéric. Nous feriez-vous le plaisir, maître, d'être notre invité? Vous connaissez votre ville mieux que nous. Où pouvons-nous nous restaurer sans être déçus?

– Et surtout sans être importunés, intervint Thérèse.

– *Au Canard rouennais*, répondit Dumort. C'est excellent, calme, et le cadre est parfait.

C'était effectivement parfait. Un cabinet particulier dans la plus pure tradition provinciale de cette fin du XIXe siècle. Décor rococo, nappes épaisses d'un blanc neigeux sur lesquelles dansait la flamme des chandelles aux tons roses.

Le canard au sang, servi par un maître d'hôtel long comme un crayon, aux favoris grisonnants, avait la tendreté et la saveur qui faisaient la réputation du restaurant. Thérèse se sentait nostalgique dans cette province inconnue qui lui rappelait un peu celle de son adolescence.

Son père. Auguste le beau parleur. Auguste le charmeur et son vieux coffre, son vieux bahut qu'il lui avait légué et qui était devenu aujourd'hui le fameux coffre-fort dont tout Paris parlait depuis plus de quinze ans parce que c'était là que les Humbert-Daurignac disaient avoir enfermé les titres de la succession Crawford.

Thérèse regarda Frédéric, parfaitement à l'aise dans son élégante redingote de chez Charvet, l'œil ironique mais attentif à Dumort qui s'adressait à lui après s'être discrètement essuyé les lèvres :

– Savez-vous, cher monsieur, que je me fais souvent l'effet d'être un croque-mort? J'admire Madame votre épouse et je lui suis reconnaissant d'avoir su conserver son franc-parler au milieu de toutes ces batailles juridico-financières qui, je l'espère, vont bientôt cesser... (« Que Dieu l'entende, se disait Thérèse en découpant son aile de canard. Je suis une femme énergique et j'aime me battre, mais il ne faudrait tout de même pas trop présumer de mes forces... ») Chère madame, revenons à nos affaires, disait Dumort. Ce « gros malheur » vous a frappés quand?

– En 1882. L'année où ce pauvre Gambetta est mort.

– Avec les intérêts annuels et les rachats de titres légaux, cette fortune a dû considérablement augmenter, j'imagine?

Thérèse eut un sourire amer. Ce Dumort était décidément bien naïf.

– Hélas, dit-elle, je suis « la Dame aux cent millions ». Mais aux cent millions tout ronds; ça fait mieux dans les gazettes.

Frédéric intervint de sa voix douce et précise :

– Bien entendu, toutes les opérations se font sous le

contrôle de MM. Robert et Henry Crawford, et avec leur accord.

Thérèse eut un soupir de lassitude avant d'évoquer pour le notaire les conséquences de cette situation : à chaque fin de trimestre, Robert et Henry Crawford débarquaient chez elle, avenue de la Grande-Armée, et s'y installaient pour inventorier, sous son propre nez, sa propre fortune. Pis : ces impudents ne manquaient jamais de lui rappeler qu'à la moindre irrégularité de sa part, les titres passeraient dans leurs mains et sous leur tutelle. L'horreur.

– En somme, dit Dumort, le testateur a établi simultanément ou concomitamment deux testaments?

– Exactement, approuva Frédéric.

Il se leva pour aller chercher les documents dans son manteau et tendit les deux feuillets à Dumort.

Thérèse suivait les gestes du notaire, qui avait posé son couvert dans son assiette et mis son lorgnon pour lire les documents. Elle ne pouvait s'empêcher d'éprouver une sorte de crainte : Dumort allait-il être convaincu? Il le fallait. Il le fallait absolument. L'assurance qu'elle avait affichée jusque-là commençait de s'effilocher comme un vieux tricot.

Avec l'impétuosité que suscite parfois la peur du danger, elle tint à expliquer au notaire que, le jour même où Robert-Henry Crawford l'avait désignée comme légataire universelle, l'Américain avait rédigé un autre testament au bénéfice de sa jeune sœur, Marie Daurignac, pour un tiers. Pour les deux autres tiers, il avait désigné ses propres neveux, Henry et Robert Crawford.

– Je vois le lien de parenté qui unissait le testateur à ses deux neveux, dit Dumort, mais quels sont les liens de parenté entre vous et ce feu Crawford?

Le visage de Thérèse s'empourpra. Telle une petite oie blanche que l'on aurait choquée par des propos déplacés, cette maîtresse femme trahit sa confusion.

Attendri, Frédéric intervint :

– Ma femme ne peut pas répondre à cette question. Il s'agit d'un secret de famille qu'elle-même n'a pas tout à fait élucidé. Son père et sa mère... je dis bien sa mère... connaissaient ce Robert-Henry Crawford. Mais Thérèse ne l'a rencontré que deux ou trois fois : à la naissance de sa sœur Marie, je crois, et aussi à la mort de sa pauvre mère, qui a suivi de peu cette naissance.

Thérèse avait l'air bouleversé, comme si elle revivait cette scène douloureuse : la mort de sa mère, et sa nouvelle responsabilité puisqu'elle était l'aînée : veiller sur l'éducation de ses deux frères et élever la petite Marie.

Dumort à son tour devint grave, presque solennel :

– Je comprends, dit-il. Je comprends, madame, votre réserve, et je tiens à vous dire que je suis non seulement notaire mais honnête homme. Sachez que tout ce que vous me confierez sera à jamais protégé par le sceau inviolable du secret professionnel. Vous pouvez donc parler en toute liberté, si vous le désirez, et sans crainte. Sinon, je respecterai également votre silence.

De plus en plus émue, Thérèse essayait de refouler ses larmes.

– Ce procès avec les Crawford me tue... commença-t-elle.

Puis sa voix s'étrangla et elle se mit à pleurer.

Frédéric posa une main légère sur l'épaule de sa femme :

– Reprends-toi, ma douce, reprends-toi. Nous allons rentrer à l'hôtel, et si Me Dumort a la bonté de nous accompagner, nous pourrons lui confier les dossiers qui sont dans nos malles. Il les fera transférer à son étude et il prendra son temps pour les examiner.

Comme toujours, Frédéric avait l'art d'apaiser Thérèse. Dumort contempla avec une envieuse admiration ce couple si uni et si heureux dans le « malheur ».

Quarante-huit heures plus tard, les Humbert se rendirent de nouveau à l'étude de maître Dumort. Pendant ces deux jours, ils avaient visité la ville, la cathédrale Notre-Dame hérissée de clochetons, le palais de justice qui venait d'être restauré, le musée des Beaux-Arts, et plus prosaïquement, les salons de thé et les pâtisseries.

Le temps était clair : un ciel insolent, une brise très douce. L'air tiède et le soleil donnaient aux hommes des airs de fête, aux femmes des airs d'amour, faisaient cabrioler les gamins et les marmitons blancs, qui avaient déposé leurs corbeilles sur les bancs pour mieux courir et jouer avec les autres enfants.

Thérèse et Frédéric se promenèrent, satisfaits de se retrouver seuls, comme au début de leur mariage. Des passants se retournèrent sur eux, flairant des Parisiens, une élégance *high life*. Un couple paraissait fasciné : l'homme avait reconnu Thérèse.

– Tu vois cette femme, dit-il à son épouse. Eh bien, elle vaut cent millions!

Thérèse avait recouvré sa bonne humeur. Dumort allait les sauver. Dumort allait faire des miracles!

Quand ils pénétrèrent dans son bureau, le notaire affichait un sourire satisfait :

– Merci, chère madame, de m'avoir donné le temps de consulter cette énorme procédure. Je vois là des procès rédigés et plaidés par l'honneur du barreau et de la Chambre des notaires. Je suis ébloui.

– Tous les soirs, dit Thérèse, je reçois chez moi le gotha parisien de la robe et de la toge. Mais je n'ai plus confiance. Ils s'agitent tous, nous montant les uns contre les autres : Crawford contre Humbert, Humbert contre Crawford. On plaide, on replaide, toujours renvoyés dos à dos.

– Ces neveux Crawford, est-ce que ce sont des gentlemen?

Thérèse réfléchit :

– Des gentlemen américains, finit-elle par lâcher avec un soupçon de mépris.

– Je vois, fit Dumort. Et Madame votre sœur?

Thérèse eut un sourire attendri :

– Madame ma sœur! Pauvre petite fille qui n'est pas encore majeure! Elle vit avec moi, chez moi, comme il se doit.

– N'est-elle pas également votre adversaire? s'étonna Dumort.

– Elle? Je l'ai élevée comme ma propre fille. Nous vivons l'une pour l'autre, ainsi qu'avec mes frères, d'ailleurs. Une famille unie, maître.

Tout en parlant, Thérèse se dit soudain qu'elle oubliait toujours un membre du clan : Camille, la sœur de Frédéric, que son propre frère Emile venait d'épouser. Charmante belle-sœur, au demeurant, un peu terne, un peu coincée, sans envergure. Mais on pouvait toujours compter sur elle : elle ne les trahirait jamais.

Dumort semblait préoccupé, comme s'il suivait une idée qu'il n'osait pas formuler. Cette affaire était extraordinaire; elle recelait des mystères qu'il ne parvenait pas à élucider. Pourtant il y avait une solution. Un compromis très simple, lumineux...

– Supposons, dit-il, que vous passiez un accord avec Robert et Henry Crawford... Est-ce que votre jeune sœur accepterait un arrangement concernant sa part éventuelle de l'héritage?

– Je ne comprends pas, maître, dit Thérèse. Si ma sœur a droit à une part, cela signifie que moi, je n'ai droit à rien et que les deux autres tiers reviennent à Robert et Henry Crawford, n'est-ce pas?

– Là où la justice ne peut trancher, répondit lentement Dumort, les parties réunies peuvent se concerter et « concocter » une nouvelle transaction. Cette transaction pourrait permettre, cette fois, la réalisation et le partage de la totalité de la fortune.

Le sourire de Thérèse. Il illuminait son visage légèrement empâté, gommant les rides, le double menton irrémédiable, le transfigurant. Thérèse rajeunissait dans le sourire; elle retrouvait cet éclat du regard qui avait séduit Frédéric.

– Une nouvelle transaction? fit-elle. A l'amiable?

– Pourquoi pas?

– Valable aux yeux de la loi?

– Pourquoi pas?

– Maître, vous nous sauvez! fit-elle avec son charmant zézaiement. Ah! Frédéric! ton père avait raison. Rappelle-toi, il nous disait toujours : « Me Dumort est l'honneur et la droiture faits homme et notaire. » Seigneur! Nous aurions dû vous consulter plus tôt.

L'enthousiasme de Thérèse n'empêchait pas le notaire de rester perplexe.

– Une seule question, madame. Je m'étonne que, conseillée comme vous l'êtes, vous n'ayez jamais envisagé cette solution « à l'amiable ».

– Il faut croire que chacun trouve son compte à me laisser dans l'embarras, répondit Thérèse.

Mais Dumort ne pouvait croire que des maîtres du barreau parisien et les meilleurs notaires de France n'eussent pas cherché à faire entrevoir à Thérèse Humbert cette possibilité. Qu'y avait-il derrière tout cela? Quel piège? Quelle peur? Est-ce que le mari pouvait lui fournir une explication? Dumort l'interrogea du regard.

– Il n'est pas dit que les Crawford accepteraient un arrangement, expliqua Frédéric. A moins que nous ne leur laissions une grande partie de la fortune. Mais...

Thérèse, qui réfléchissait, lui fit signe de se taire. Puis elle plongea :

– Maître, je vais être tout à fait franche : on m'a souvent suggéré, en effet, cette négociation. Je m'y suis toujours opposée parce que je n'avais pas à mes côtés un homme de confiance pour me conseiller. Un homme dont je pouvais être absolument sûre. Un homme dont j'aurais pu jurer sur la tête de ma chère famille qu'il n'avait pas partie liée avec les neveux Crawford. Car ces Américains sont également conseillés et défendus par les meilleurs notaires et les plus brillants avocats. Mais aujourd'hui, j'ai trouvé cet homme... (Elle s'était levée, tendant ses mains à Dumort :) Maître, dit-elle d'une voix enrouée, j'ai confiance en vous.

Dumort à son tour se leva et prit les mains de Thérèse :

– Madame, je suis très touché. Je...

– Mon cher Dumort, vous me plaisez, fit-elle avec un brin de vulgarité et en tapant dans la main du notaire comme un maquignon.

Frédéric, qui avait l'air de jouer les utilités, reprit sa canne et consulta sa montre :

– Ma chère, nous devons partir si nous ne voulons pas manquer notre train.

– Je vous accompagne, proposa Dumort.

Une demi-heure plus tard, ils étaient tous les trois sur le quai de la gare, et tous les trois euphoriques.

– Il faut régler au plus vite cet accord transactionnel, dit le notaire. Je vais à Paris pour affaires tous les mardis...

– Alors, passez mardi en fin d'après-midi, proposa Thérèse. « A la fortune du pot », comme on dit chez nous.

Le chef de gare cria : « En voiture! » Frédéric aida sa femme à monter puis à s'installer dans un compartiment de première classe. Dumort, chapeau bas, saluait ses nouveaux clients...

Frédéric et Thérèse se retrouvaient seuls, soulagés, étonnés, contents, tout à la fois.

– Il me plaît bien, dit Thérèse. Il a l'air honnête. Mais nous allons avoir du travail! Il faut trouver un arrangement convenable avec les neveux Crawford.

Frédéric, qui s'était déjà plongé dans *Le Gaulois*, reposa son journal, laissant errer son regard clair et étonné sur sa femme.

– Penses-tu vraiment que les neveux Crawford soient en mesure d'accepter quoi que ce soit? fit-il suavement.

Thérèse soutint le regard de son mari avec une belle insolence. Frédéric ne put s'empêcher de l'admirer. Soudain, il vit le visage de sa femme trembler d'un rire muet, se gonfler d'hilarité.

– Pourquoi pas? fit-elle.

– Je ne te suis pas, ma chérie, dit-il en se laissant gagner par le rire de Thérèse.

En fait, il la suivait fort bien et, comme d'habitude, il faisait confiance à son audace, à son intelligence, à son imagination.

– Tu ne devrais pas boire autant pendant les repas, dit-elle simplement tandis que le train démarrait.

2

Aussitôt après leur mariage, Frédéric et Thérèse Humbert étaient « montés » à Paris et s'étaient installés dans un modeste appartement, rue Monge. La bourgeoisie de Toulouse, qui les suivait de loin, soupirait : « Le fils Humbert n'est pas un homme pratique. C'est un rêveur, un poète. Il a fait un mariage d'amour. Et sa femme n'est pas de son monde. »

Mais malgré quelques petits « accrocs », le plus souvent volontaires (c'était là son humour), Thérèse s'était parfaitement adaptée à la bonne société. Grâce à ses « espérances », le crédit était venu très vite, et l'appartement de la rue Monge fut bientôt déserté pour un premier hôtel particulier, rue Fortuny, puis pour un autre plus luxueux, plus vaste (la famille s'étant agrandie), avenue de la Grande-Armée.

C'était impressionnant. En entrant, on éprouvait un léger malaise devant ce déploiement de styles et ce goût un peu tapageur mais grandiose. Les tapis épais qui couvraient le sol et les marches, les larges tentures de velours pourpre qui masquaient les murs et les portes alourdissaient l'air d'une senteur de chapelle. Les draperies tombaient de haut, et le plafond, très élevé, était orné de rosaces posées sur un treillis de baguettes en or.

L'escalier, dont la balustrade de marbre crème avait une rampe de velours de même ton que les tentures, s'ouvrait en deux branches entre lesquelles se trouvait, au fond, le grand salon : une vaste pièce dont les boiseries vernies montaient très haut. Les quatre grands panneaux avaient dû être aménagés de façon à recevoir des tableaux; mais ils étaient restés vides. On les avait simplement tendus de velours pourpre, ainsi que les portes. Un tapis persan étouffait les pas et donnait à la pièce un caractère sombre et grave.

Une douzaine de domestiques étaient employés à plein temps dans cet hôtel, sous la direction de l'homme de confiance de Thérèse : M. André. C'était un grand blond au visage blanc, avec de lourds favoris et un regard immobile. Il avait l'art d'affronter les situations les plus scabreuses, ne perdant jamais son flegme. Lorsque les créanciers se montraient trop agressifs, il trouvait toujours les mots pour les apaiser, les faire patienter.

Mais ce matin, le butor qui venait de pénétrer dans le vestibule en brandissant des billets à ordre paraissait hors de lui et frisait l'apoplexie. Puissant, carré, sanguin, faisant craquer de partout sa redingote sanglée, le visage bourru, le sourcil épais, il criait :

– Mon nom est Fouilloux! Je veux voir Mme Thérèse Humbert en personne. Je vous préviens : si je ne la vois pas immédiatement, ces papiers seront postés dans une heure et nous irons au tribunal!

– Je vais transmettre votre carte à Mme Humbert, dit calmement M. André.

– Je n'ai pas de carte! hurla l'autre. Merde! Je ne viens pas faire une visite de courtoisie. Je veux voir l'héritière! Je veux qu'elle me rende mon argent! Je veux cet argent!

– Monsieur, répondit M. André, je crains que votre chahut ne corresponde pas du tout au style de la maison.

Toujours furieux mais tout de même impressionné par la morgue de l'homme de confiance, Fouilloux lança d'une voix cassée :

– Je m'en fous! Annoncez-moi, vous entendez!

Il sortait de la poche de sa redingote un grand

mouchoir pour s'essuyer le front quand il aperçut, descendant l'escalier, une femme en déshabillé de satin blanc, le port très droit, imposant. Débarrassée de son monstrueux corset, Thérèse révélait, sous l'étoffe légère, des formes agréables, épanouies.

– Alors, André, que se passe-t-il? fit-elle. C'est le jour du boudin? On saigne les porcs?

Fouilloux reconnut Thérèse et aussitôt se calma puis se présenta.

– Je suis dans la porcelaine, ajouta-t-il.

– Eh bien, on ne le dirait pas.

Elle était maintenant au bas de l'escalier et cinglait de son regard clair le malheureux Fouilloux qui exhibait ses billets à ordre.

– M. Louis Salignac me les a remis en règlement de quelques factures qu'il me devait. Ces billets sont bien de votre main?

Dédaigneux, le regard de Thérèse fila au-dessus de la tête de Fouilloux.

– Inutile de parler dans le vestibule, dit-elle. Si je fais les frais d'un hôtel particulier aussi vaste, autant que nous en profitions. Nous pourrions aller dans la cuisine, par exemple.

– La cuisine?

Mais Thérèse ne lui laissa pas le temps de s'étonner; elle l'entraîna hors du vestibule vers une enfilade de pièces occupant toute la façade du côté du jardin. Une large porte-fenêtre s'ouvrait sur le perron. Le plafond, légèrement cintré, avait des enroulements capricieux. Des rosaces, des guirlandes éclatantes bordaient la voûte. Sur le parquet, un tapis d'Aubusson étalait ses fleurs rouges. L'énorme pendule rocaille de la cheminée, les vases de Chine posés sur les consoles, les jardinières placées dans les embrasures des fenêtres étaient garnis d'or. Du plafond descendaient des lustres à pendeloques de cristal dont, le soir, les chaudes clartés faisaient flamber tout cet or répandu.

Fouilloux avançait, suivant Thérèse et découvrant sur des tables légères aux pieds dorés des bibelots de toutes sortes, inutiles, jolis et coûteux; des petites boîtes anciennes en or travaillé, des tabatières, des statuettes d'ivoire, puis des objets en argent mat, tout à fait modernes. Dans la bibliothèque : quelques livres rarement ouverts, reliés avec luxe; un guéridon porté par un seul pied; un petit canapé de forme ronde; *La Revue des Deux Mondes*, avec des pages cornées. Sur un bureau coquet du XVIIIe siècle : quelques ouvrages encore, *Manon Lescaut, Werther*, et *La Femme au XVIIIe siècle* des Goncourt.

La cuisine était au fond d'un grand couloir qui la reliait à la salle à manger principale. Une pièce immense et confortable avec son énorme cuisinière en fonte, ses casseroles orange qui avaient l'air de gros soleils couchants, et sa table rectangulaire de cinq mètres de long, flanquée de chaque côté d'un banc.

En robe de chambre de soie garance et en babouches, Frédéric prenait son *breakfast* en compagnie de sa jeune belle-sœur Marie qui, d'une main, trempait une tartine de beurre dans son bol de café au lait, et de l'autre, tenait un livre ouvert devant ses yeux myopes. C'était *Bel Ami* de Guy de Maupassant. En voyant entrer Thérèse et Fouilloux, elle leva vers eux un doux regard vide qui mendiait vaguement, mais elle ne broncha pas.

Thérèse s'assit devant son assiette où voisinaient une épaisse tranche de jambon et des rondelles de saucisson :

– Le matin, je mange comme à la campagne, dit-elle à Fouilloux. L'hiver, de la soupe, et l'été, des cochonnailles. Vous prendrez bien un petit quelque chose?

Fouilloux était passé de la fureur à la confusion :

– Madame, je n'oserais...

– Allons, allons, asseyez-vous, proposa Thérèse avec bonhomie. Contez-nous votre petite histoire, bien qu'il soit un peu tôt pour parler « monnaie ». (Elle se tourna vers sa jeune sœur qui s'était replongée dans son livre :) Marie, sers une tasse de café à M. Fouilloux.

Puis elle fit les présentations en notant que, ce matin, Marie avait une mine affreuse. Le visage de la jeune fille, naturellement mince et pâle, semblait s'être encore amenuisé; dans tout ce blanc, les larges yeux bruns faisaient une tache sombre et un peu inquiétante.

Le porcelainier s'inclina, gêné, impressionné, flatté, tout à la fois. Il se reprochait presque d'avoir osé pénétrer chez les Humbert. Ces gens-là avaient une telle surface! Il était bien improbable qu'ils ne fussent pas solvables. Le mari, qui s'était levé pour le saluer, avait l'air très distingué. Et cette élégance! Le petit foulard de soie noué dans le décolleté de la robe de chambre ne pouvait venir que de chez Charvet. Et puis cette Thérèse Humbert avec son naturel extravagant, quelle maîtresse femme!

– Ainsi, monsieur Fouilloux, dit-elle en continuant à manger, vos titres produisent vingt-cinq pour cent l'an. Ce qui n'est pas mal, non?

– Ce le serait si M. Salignac ne me donnait, en guise d'intérêts, un nouveau papier signé de vous, chaque année.

Thérèse s'indigna :

– Mais votre capital se fortifie! C'est ainsi que l'on crée les grosses fortunes.

Frédéric, qui lisait la page financière du *Figaro* mais qui ne perdait rien de la conversation, laissa tomber :

– Quand on pense que la rente d'Etat ne produit que trois pour cent l'an!

C'était en quelque sorte une variante beaucoup plus désinvolte du « numéro » qu'ils avaient exécuté avec brio chez maître Dumort. Frédéric donnait la réplique à sa femme avec une parcimonie qui tenait du grand art. Tout cela fonctionnait à merveille, et Thérèse menait le jeu en improvisant avec une sorte de génie.

– Dès la réalisation de mon héritage, dit-elle, votre capital vous sera remboursé avec cinquante pour cent de prime, ce qui n'est pas mal non plus. Qu'en dites-vous?

Fouilloux était trop surpris pour dire quoi que ce fût. Il faillit lâcher sa tasse et regarda les Humbert l'un après l'autre afin de bien se convaincre qu'il ne rêvait pas.

– M. Salignac ne m'a jamais parlé de ces cinquante pour cent, dit-il enfin. (A son tour, Thérèse posa sa tasse avec une sorte d'agacement. Elle se tourna vers son mari comme pour le prendre à témoin de la bêtise humaine et de ce qu'il lui fallait assumer, elle, pauvre femme. Cependant, Fouilloux s'était repris : toutes ces promesses étaient bien jolies, mais pour l'instant il était dans une situation délicate.) Madame, j'ai besoin de cet argent.

– Adressez-vous à Salignac, dit Thérèse. C'est avec lui que vous avez traité.

– Il m'a confié que votre signature ne valait plus grand-chose et qu'il ne pouvait me reprendre le tout qu'au quart de sa valeur.

– Votre créance sera liquidée lorsque ma fortune sera réalisée. (Thérèse paraissait excédée, et Fouilloux finit par lui avouer ses craintes : que ferait-il, lui, si par malheur elle ne touchait jamais cet héritage? C'était trop. Thérèse sortit ses griffes :) C'est Salignac qui vous a soufflé cette charmante hypothèse?

– Lui et d'autres auprès de qui j'ai voulu négocier vos effets, répondit Fouilloux.

– Ce sont des imbéciles! lança Thérèse. Dans le cas de Salignac, il s'agit même d'un imbécile qui s'efforce d'être malhonnête. Cet effet est signé par moi et avalisé par Marie Daurignac, ma sœur, que vous voyez ici. Si je ne touche pas l'héritage, c'est donc que les Crawford, eux, le toucheront. Dans ce cas, un tiers de cet héritage ira à ma sœur. Un tiers de cent millions, ça ne suffit pas pour rembourser vos effets?

Fouilloux se dit qu'il était un imbécile : comment ne pas se fier à une logique si évidente? Comment ne pas se fier à cette femme-là?

– Un tiers... Je ne savais pas... bafouilla-t-il. Mademoiselle votre sœur...

Il s'était levé pour saluer Marie, comme un acteur salue son public. Il était ridicule mais confiant.

– Marie, dit Thérèse, raccompagne monsieur et, au passage, fais lui voir le coffre. Comme ça il ne sera pas venu pour rien. Et à l'avenir, monsieur, ne traitez plus rien avec des Salignac. Venez directement chez moi.

– Pour de si petites sommes, madame, je n'oserai jamais vous déranger en personne, fit-il avec une curieuse soumission dans les yeux.

– Dans la cuisine, on accepte même la petite monnaie, pourvu qu'elle soit française, répliqua Thérèse avec ironie. Mon cher Fouilloux, bonne journée.

Elle acheva son repas et regarda partir Marie et le butor. Alors, un lent sourire descendit de ses yeux jusqu'à sa bouche. Un lent sourire plein de mépris.

Fouilloux ne le vit pas, ne le soupçonna pas : il était fasciné par le luxe des pièces qu'il traversait. Il regardait tout : les lampes au socle de marbre bleu, les lustres à pendeloques de cristal, les vases de Chine posés sur les consoles, les bibelots, les saxes... Il s'arrêta un instant pour observer les laveurs de carreaux qui s'affairaient derrière les hautes fenêtres d'un salon. Il pensa que le jour ne viendrait jamais où il pourrait lui-même avoir un tel éventail dans sa domesticité. Les Humbert-Daurignac vivaient à la mesure de leurs espérances, cela ne faisait aucun doute.

Derrière Marie, filiforme et lymphatique, il monta un escalier, traversa encore quelques pièces, les unes surchargées de meubles de tous styles, les autres presque vides. Enfin ils débouchèrent dans une chambre à coucher plongée dans la pénombre...

Marie tira les lourds rideaux de satin paille, et le soleil vint se casser sur les vitres, éblouissant et mettant en valeur le fameux coffre-fort en acier poli, rehaussé de bronze. Ce coffre qui avait appartenu à Auguste Daurignac et dont la France entière parlait depuis plus de quinze ans.

Marie avait à peine connu son père, mais elle eut pour lui une pensée émue parce que Thérèse parlait toujours du bel Auguste avec une grande tendresse, affirmant que c'était lui qui lui avait tout appris.

– Voici le coffre, dit-elle d'une voix pâle.

Fouilloux paraissait frappé de stupeur :

– Mon Dieu! s'exclama-t-il avec une sorte de respect effaré.

Dans la cuisine, Thérèse et Frédéric finissaient à peine de déjeuner quand Romain Daurignac, le frère cadet, vint les rejoindre. On l'avait appelé jadis « le séducteur ». Mais depuis qu'il avait atteint la quarantaine, Romain s'était quelque peu empâté. Trapu, sanguin, il était néanmoins encore fier de sa tête léonine, de ses traits réguliers, de son élégance, de son aisance. C'était une sorte de Danton des faubourgs : grande gueule, esprit vif, regard aigu.

Il menait de front trois liaisons et il était le père naturel de deux petits garçons. Quand on lui reprochait de ne pas épouser la mère de ses enfants, il répondait invariablement : « Je n'ai pas une minute à moi. »

Thérèse avait pour lui l'indulgence et la sévérité d'une mère attentive.

– Tu n'es pas très matinal, constata-t-elle.

Il s'excusa : il avait été, la veille au soir, de service à l'Opéra.

Frédéric, qui n'avait pas pour son beau-frère une patience excessive, remarqua :

– Je vous en prie, Romain, cessez de vous prendre pour un pompier. La folie des grandeurs en a perdu plus d'un.

Romain ne se laissa pas démonter. Il se servit : café, jambon, toasts. Son appétit était à la mesure de son ambition.

– Thérèse, dit-il, demande à ton poète de ne plus essayer de me faire rire, surtout le matin. Il faut bien que quelqu'un occupe notre loge à l'Opéra et y fasse bonne figure!

– Deux places au poulailler conviendraient mieux, remarqua Frédéric de sa voix unie et douce.

Romain repoussa son assiette. Ses larges épaules frémissaient. Pour éviter toute querelle, Thérèse fit diversion :

– Comment va ton ami Salignac, mon petit Romain?

– On ne se voit plus guère.

– Peut-on le considérer encore comme l'un de nos « placiers »?

– Pourquoi pas? fit Romain, la bouche pleine.

– Que penses-tu d'un placier qui ne place plus?

Romain comprit très bien où voulait en venir Thérèse, mais il avait pris l'habitude de lui tenir tête : l'extravagance de sa sœur méritait parfois d'être contrée.

– Il faut croire que c'est plus difficile aujourd'hui qu'hier, observa-t-il.

Mais Thérèse insista : la complicité de son frère avec Salignac l'agaçait :

– Quand tout le monde voulait nous confier des fonds, dit-elle, il fallait prendre en priorité ceux que proposait ton Salignac et en lui consentant vingt-cinq pour cent de commission extraordinaire; je ne me trompe pas?

– C'était convenu comme ça.

– Et aujourd'hui, parce que c'est difficile, il ne donne même plus signe de vie, si ce n'est pour réclamer des intérêts et nous faire menacer de quelque procès...

Romain haussa les épaules, fataliste :

– Ben oui, c'est la vie.

– La tienne, précisa Thérèse. Pas la mienne.

– Si les gens n'ont plus confiance, ce n'est pas la faute de Salignac.

– Je me fous de Salignac et de tes autres petits « MM. vingt-cinq pour cent de commission quand tout va bien », fit-elle, cinglante. Dorénavant, je me passerai d'eux.

Romain ne pouvait s'empêcher d'admirer sa sœur : elle avait du cran. Mais elle était trop imprudente et elle ne savait pas ménager les gens. Ainsi, il n'avait cessé de lui répéter qu'il fallait « arroser » la presse et surtout les journaux extrémistes, afin d'avoir la paix et les mains libres. L'affaire Dreyfus avait fait des dégâts dans l'opinion : on ne savait jamais qui était pour, qui était contre. On marchait sur des œufs et l'on risquait de se faire des ennemis implacables. Mieux valait agir en douceur et payer le silence des agressifs.

– Ces articles dans *La Libre Parole*, dit-il, ça nous fait du tort.

Frédéric agita *Le Figaro* qu'il était en train de lire :

– Je croyais que les journalistes étaient vos amis, dit-il avec sa suave ironie.

Romain eut un sourire désabusé :

– Pas tous et pas toujours. Mais ce n'est pas de ma faute. Je vous avais bien dit de faire un don à la Ligue antijuive. Vous avez refusé. Et voilà le résultat : Drumont attaque.

– Je ne veux pas avoir la banque juive sur le dos, protesta Frédéric.

– Il faut choisir, dit Romain : soit les juifs, soit les autres. En ne donnant ni aux uns ni aux autres, nous aurons bientôt toute la presse à dos.

Thérèse ne pouvait supporter que son frère eût envie de protéger Edouard Drumont, même si ce violent pamphlétaire antisémite était également député.

– Je donne aux pauvres, moi, dit-elle, rien qu'aux pauvres. Je ne fais pas de politique. Je ne suis pas comme ton Salignac! Ce monsieur vole les pauvres, c'est un malhonnête homme!

Romain laissa fuser un rire franc et joyeux. Thérèse était une comédienne de grande classe. Elle aurait dû monter sur les planches pour rivaliser avec la scandaleuse Sarah Bernhardt qui, après une tournée triomphale aux Etats-Unis, venait de rentrer en France pour retrouver le cercueil capitonné de soie dans lequel elle dormait.

– Thérèse, fit-il en prolongeant son rire, je t'en prie : laisse-moi manger.

Mais elle était lancée :

– Tu peux dire aux quelques amis journalistes qui te restent que nous entrerons en possession de l'héritage et que nous rembourserons tout le monde intégralement.

– Tu parles d'une exclusivité! fit Romain. Ça fait des années que je leur dis la même chose. Ils en ont marre...

– Ne te lasse pas. Tu dois le répéter.

– Mais, Thérèse, ils vont me rire au nez...

Cela finissait toujours ainsi avec Romain, se disait Thérèse. Une obstination d'enfant sans imagination. On ne pouvait compter sur lui que dans certaines limites. Au-delà, il perdait tout esprit d'initiative, toute invention. C'était lassant.

Elle observait son frère attentivement, essayant de faire passer dans son propre regard la conviction que les mots ne sauraient peut-être pas traduire :

– Nous allons trouver un arrangement avec les Crawford, dit-elle lentement. Un accord transactionnel.

Le ton était si incisif que Frédéric lui-même en fut troublé. Il cessa de lire et replia son journal, regardant sa femme avec une certaine appréhension.

Romain, lui, n'avait manifestement rien compris :

– Les Crawford et nous? Un arrangement?

– Exactement, fit Thérèse en se levant.

Si cet ancien « séducteur » restait obtus, elle n'y pouvait rien; une fois de plus, il faudrait le prendre en charge avant de mettre pour lui les points sur les *i*.

La porte de la cuisine s'ouvrit sur Emile, le frère aîné, entièrement vêtu de noir comme s'il se préparait à aller à un enterrement. Il avait d'ailleurs l'air sinistre avec son regard éteint et son grand nez busqué. Ses cinquante ans paraissaient l'accabler et il marchait un peu voûté, sa longue tête en avant, qui blanchissait aux tempes, laissant dégarni un large front rosâtre.

– Bonjour, Thérèse, dit Emile en embrassant sa sœur.

– Alors? interrogea-t-elle à mi-voix.

– Ne me parle plus de ça; j'en suis malade.

– Ça rentre, oui ou non? insista-t-elle.

– Je ne suis pas doué pour l'anglais, avoua Emile.

Frédéric, qui était venu les rejoindre, lança avec un bon accent :

– *Did you speak very good english, this morning, my dear brother?*

Emile écarta les bras, l'air effaré :

– Décidément, je ne comprends rien.

– C'est à désespérer, fit Thérèse en ouvrant la porte.

Frédéric observa un instant ses deux beaux-frères, puis jugeant que leur compagnie ne pourrait rien lui apporter aujourd'hui, il se résigna à aller troquer sa robe de chambre contre le costume gris perle qu'il s'était fait faire récemment. De toute façon, il ne supportait pas de voir manger Emile. Ce grand clown triste était encore plus goinfre que Romain. Comme si ces deux hommes compensaient, à l'âge adulte, les fringales qu'ils avaient eues enfants, quand Auguste le fantaisiste les nourrissait plus ou moins bien. Il y avait parfois des jours fastes, lui avait dit Thérèse, et alors c'était une vraie fête, le père Daurignac ne lésinant pas dès qu'il avait récolté quelque argent avec son agence matrimoniale... ou autrement, car le bougre vivait également de combines assez louches qui lui avaient valu quelques ennuis, vite étouffés.

Mais le plus souvent les repas étaient aussi maigres que l'était à l'époque Thérèse elle-même. Quel chemin parcouru, depuis! Décidément, Frédéric n'était pas mécontent de sa femme, il était même le seul, dans cet hôtel, qui sût l'apprécier à sa juste valeur. Car il ne doutait pas que ces deux imbéciles, ces pique-assiette, ses chers beaux-frères, fussent ce matin encore en train de critiquer leur sœur.

Ce qu'ils faisaient effectivement.

Avant de s'installer à la table de la cuisine, Emile avait enlevé sa veste, révélant des épaules maigres et un estomac gonflé.

– Tu connais la nouvelle? lui dit Romain.

– Qu'est-ce qu'il y a encore?

– On va bientôt pouvoir toucher l'héritage.

– Ah bon! Tu m'as fait peur. Passe-moi le beurre.

– Ta petite femme n'a pas eu le temps de te préparer un *breakfast*?

– Si. Mais ça n'empêche rien. Alors explique pour Thérèse.

– Elle va « négocier un accord » avec les Crawford.

Emile posa sa tasse sur la table afin de mieux réfléchir.

– Tu dis qu'elle va « négocier un accord »? Bon. Ils n'accepteront pas.

– Elle affirme que si.

– Ça veut dire quoi?

Romain se rapprocha d'Emile et parla à voix basse :

– Elle est folle. Ça lui est monté à la tête. C'est la folie qui passe par sa jolie bouche de chef du clan. Et le poète est aussi cinglé qu'elle.

Emile se remit à manger, perplexe. Puis, en entendant les inévitables gammes que faisait, au piano, sa sœur Marie, il eut un mouvement d'humeur :

– On ne pourrait pas arrêter ça? C'est moi qui deviens fou.

Romain se leva et monta jusqu'au petit salon où, tous les matins, les deux jeunes filles de la maison prenaient leur leçon de piano. Pour l'instant, c'était Marie qui était installée devant le clavier, le regard absent, les mains levées parce qu'elle venait d'apercevoir son frère : une présence insolite qui laissait présager un drame.

Mais Romain resta discret. Il regardait Thérèse qui, assise dans une bergère, assistait à la leçon. « Elle se prend pour une vraie dame, pensa-t-il. Elle s'imagine sans doute dans la peau d'une comtesse ou d'une marquise. Elle se voit au Bazar de la Charité, pendant l'incendie, et se veut aussi digne que la duchesse d'Alençon, aussi courageuse, se laissant comme cette grande dame mourir dans les flammes. »

L'événement était récent; on en parlait encore dans toutes les gazettes et dans la France entière. Romain, qui pourtant ne se laissait pas émouvoir facilement, avait été bouleversé par cette catastrophe. Ce qui l'avait frappé, c'étaient ces cent vingt-cinq morts parmi lesquels il n'y avait que cinq hommes : trois vieillards, un militaire et un enfant. Or, une heure avant l'incendie, on comptait dans le Bazar plus d'une centaine de jeunes gens du meilleur monde qui papillonnaient autour des belles héritières. Cette jeunesse dorée n'avait non seulement sauvé personne, mais s'était frayé un passage dans la chair féminine à coups de pied, à coups de poing, à coups de canne.

Romain en frémissait encore qui, se trouvant ce jour-là aux Champs-Elysées, avait vu, sorties du brasier, des femmes hagardes courir nues et affolées dans la rue.

« Après tout, conclut-il, Thérèse aurait eu sans doute plus de courage que moi ou Frédéric. C'est une dame de fer. »

La dame de fer souriait à sa fille Eve qui venait de prendre la place de Marie devant le clavier. Et les gammes recommencèrent avec un bel entrain, interrompues très vite par Thérèse :

– On ne pourrait pas jouer de temps en temps autre chose? fit-elle.

Le professeur, une grande bringue sans âge et sans attrait, intervint en faisant un signe à Eve, qui se lança aussitôt dans le premier prélude du *Clavecin bien tempéré* de Bach.

Thérèse paraissait ravie; elle était à mille lieues de

ses créanciers. Sa possibilité d'évasion était d'ailleurs étonnante. En un clin d'œil, elle redevenait la petite bonne femme naïve qu'elle aurait dû rester si une ambition tenace ne l'avait pas habitée.

– C'est beau! s'exclama-t-elle. Mon Dieu, que c'est beau! Comme elle bouge bien ses doigts, et si vite! J'aurais tant voulu savoir moi-même...

Mais elle n'en avait pas eu le temps. On ne peut, à la fois, s'employer à construire une fortune et jouer les dames de la bonne bourgeoisie. Elle se trouvait dans un créneau qui parfois la faisait vaciller...

« Au bord du gouffre, ma vieille, pensa Romain, au bord du gouffre! Mais tu t'accroches si bien que tu peux compter sur mon admiration inconditionnelle. Et demain, tu nous obligeras tous à te suivre à l'église parce que ça fait partie du jeu et de tes principes. Et nous t'obéirons. »

Le lendemain, qui était un dimanche, toute la famille se rendit en effet à l'église de la Madeleine. La robe de Thérèse, un modèle de Paquin, était prune et étranglait sa taille. Un collet de tulle blanc adoucissait son buste un peu trop ample. Romain eut un sourire en apercevant le chapeau écrasé sur le front et dans lequel semblait plonger une sorte d'oiseau gris, long et fin.

La femme d'Emile, l'insignifiante Camille, portait une robe bleu roi dont le corsage aux épaules larges, ainsi que les manches à gigot, enveloppaient généreusement un buste frêle sur lequel s'ennuyait une longue tête pâle et sans grâce. Placée entre Thérèse et sa nièce Eve, elle était la seule qui parût absorbée par ses prières.

Thérèse ne pouvait s'empêcher de se laisser distraire par l'assistance; elle était pourtant très pieuse. Mais le souci de sa famille passait avant le respect de la religion. Or Marie, habituellement si tranquille, jetait des regards derrière elle à tout instant.

Thérèse se retourna et aperçut, trois rangs plus loin, un homme d'une trentaine d'années, moustache en crocs, le cheveu clair et clairsemé, l'œil bleu protubérant, l'allure martiale. C'était le député Paul Deschanel, qu'elle avait déjà reçu chez elle et qui avait le pouvoir de troubler Marie.

Thérèse se promit de surveiller sa sœur attentivement.

Le soir même, quand ils se retrouvèrent seuls dans leur chambre à coucher, Thérèse confia son problème à Frédéric :

– Marie m'inquiète. Elle s'ennuie, elle est triste.

– Elle devrait s'occuper, dit Frédéric qui était plongé dans le livre de François Coppée, *Les Vrais Riches*.

– A son âge, il n'y a que l'amour qui occupe. Le goût du travail vient après.

– Avec tous les coureurs de dot qui l'assaillent, je ne vois vraiment pas comment elle a le temps de s'ennuyer.

– Quand je parle d'amour, précisa Thérèse, je parle de mariage, tu le sais bien.

– Il ne peut y avoir mariage pour l'instant.

– A moins que... commença Thérèse.

Elle réfléchissait. Et quand elle réfléchissait, ses longs yeux verts s'assombrissaient, devenaient deux fentes luisantes coincées par de petites rides douces et déchirantes.

– Si l'un des enfants de Robert ou de Henry Crawford était en âge de se marier...

Frédéric secoua la tête vigoureusement : l'audace de Thérèse devenait aberrante.

– Tiens, écoute ça plutôt, dit-il en lisant tout haut : « L'Américain ou le soi-disant tel jeta son feutre sur le tapis, déboutonna son ulster, croisa ses jambes, puis, brusquement, après avoir caressé sa longue barbe : – Me prenez-vous vraiment pour un Yankee, monsieur l'abbé? dit-il. Je ne m'appelle pas Adam Harrison. Je suis Renaudel qui, en 1886, s'est enfui avec la caisse puis qui a été condamné par contumace à vingt ans de puis qui a été condamné par contumace à vingt ans de travaux forcés pour faux et abus de confiance... Le prêtre recula instinctivement son siège. – Que venez-vous faire? demanda-t-il. – Je viens rendre l'argent, répondit l'autre. » (Frédéric souriait; il paraissait amusé et ravi.) Je viens rendre l'argent, dit-il. C'est magnifique, non?

– Magnifique, oui. Tu vas lire encore longtemps, mon chéri?

– Non. J'ai sommeil. Tu peux éteindre la lampe.

Thérèse laissa la veilleuse allumée pour regarder le beau visage de son mari qui s'endormait paisiblement. Puis elle se leva, mit ses pantoufles, prit la veilleuse et alla se planter devant la glace de sa coiffeuse. Son image l'atteignit de face : lourde silhouette enveloppée de mousseline, visage trop blanc et frémissant.

– Je viens rendre l'argent, dit-elle tout bas à cette image.

3

Comme tous les mardis, Me Dumort était à Paris. Mais cette fois, il avait l'intention de s'y attarder, l'affaire Humbert nécessitant dès le début une présence assidue.

Le notaire de Robert et de Henry Crawford lui avait donné rendez-vous dans un restaurant fréquenté par les agents de change, près de la Bourse. Me Parmentier était un quinquagénaire grisonnant, la face épaisse et colorée, l'œil rond et fauve, l'air tristement jovial. Dumort se sentait un peu intimidé devant cet homme au verbe haut, à la moustache hardie, à l'aisance stupéfiante. Il fallait pourtant qu'il lui posât quelques questions sur ses clients; il était venu pour cela.

Après les hors-d'œuvre, il se décida :

– Comment sont-ils?

Parmentier prit le temps de déguster son château-lafite et de s'essuyer les lèvres.

– Ce sont des Américains, dit-il. Tous les mois, rubis sur l'ongle, je reçois mes honoraires. Tout se traite par courrier, pas de parlote inutile. Des ordres nets, précis. J'exécute. D'admirables clients pour des notaires. *Yes. No.* Point final. (Un homme brun de petite taille, à l'œil de velours, passa devant leur table. Parmentier le salua. L'homme paraissait à la fois guindé et préoccupé.) C'est Cattau, le banquier juif, comme son nom ne l'indique plus, dit Parmentier à Dumort. Levantin et Egyptien pour tout arranger. Vous voyez le genre. Il fréquente chez la grande Thérèse et y place la moitié des gains qu'il réalise en Bourse, à des taux plus que douillets.

Dumort écoutait d'une oreille et se disait : « A Rouen, un notaire n'oserait pas parler ainsi d'un banquier. Mais l'affaire Dreyfus a contaminé entièrement Paris. Même quand on n'est ni pour ni contre, on ne peut s'empêcher de mettre les juifs dans un camp tout à fait à part. Comme si c'était une race dangereuse. Comme si M. Zola était un fou de prendre parti pour un Dreyfus et d'attaquer des militaires de souche authentiquement française ».

– J'ai parcouru le dossier Humbert, dit-il, et je trouve que ces prêteurs sont rudes avec M. et Mme Humbert.

– Mon bon, répondit Parmentier avec suffisance, quand vous jouez, vous n'êtes jamais sûr de gagner, mais vous espérez toujours réaliser de gros écarts, non? Sinon, à quoi bon jouer?

« Ces faux Parisiens! pensa Dumort. Il faut toujours qu'ils vous donnent des leçons! Comme si, dans nos provinces, nous étions plus naïfs et plus maladroits qu'eux. Et ce Parmentier, qui exerce au Havre, n'habite même pas officiellement la capitale. Mais il y est toujours fourré. Il doit y avoir une femme là-dessous... »

– Certes, si je jouais ou si je spéculais, dit-il. Mais il s'agit là de placements de « père de famille ». Mme Humbert semble offrir toutes les garanties d'honorabilité et de solvabilité : elle est la belle-fille d'un ancien ministre de la Justice et elle vaut cent millions.

– Il y a tout de même un risque, remarqua Parmentier. Il y a toujours un risque. Dès qu'on expose son épargne aux courants d'air, l'épargnc peut tousser. (Dumort jetait des regards autour de lui; il vit le banquier Cattau passer de table en table avant de s'asseoir en face d'un jeune homme roux et glabre.)

C'est amusant, non, ces restaurants parisiens? fit Parmentier.

– Très amusant. Vous pensez donc que les Crawford peuvent prétendre...

– Ce sont mes clients, dit l'autre avec une certaine rudesse dans la voix.

– Je comprends, je comprends. (Puis, observant toujours Cattau, Dumort enchaîna :) Irez-vous ce soir chez les Humbert?

– Je n'y suis pas en odeur de sainteté et je n'y vais pas quand je ne suis pas convié.

– Mais moi, c'est la première fois, dit Dumort. Comment dois-je m'habiller?

– Tenue de soirée. Ça s'impose.

– Vous croyez? Alors, je vais louer un habit.

– Vous n'avez donc pas de pied-à-terre à Paris, depuis le temps?

– Je descends à l'hôtel. Dommage, vraiment, que vous n'alliez pas ce soir chez les Humbert. Ce doit être étonnant.

Ça l'était. L'électricité, à l'aube de son règne, illuminait la façade de l'hôtel et toutes les pièces de réception dont les portes étaient ouvertes afin de permettre aux nombreux invités de se sentir à l'aise. Dentelles et plastrons se bousculaient devant un énorme buffet dressé au fond du grand salon. Derrière une rangée de plantes vertes, un orchestre jouait une musique douce.

Dumort, qui venait d'entrer dans son habit de location et qui ne connaissait personne, cherchait Thérèse. Il finit par l'apercevoir devant une haute fenêtre, en compagnie du banquier Cattau. Elle portait une robe à longue traîne de velours bleu nuit, constellée de paillettes de jais. Sur son décolleté : une parure de diamants et rubis.

Elle accueillit Dumort avec un plaisir évident :

– Ah! cher maître! Voici M. Cattau, banquier. Me Dumort.

Les deux hommes se saluèrent et Cattau s'incrusta malgré l'air excédé de Thérèse quand elle lui accordait un regard. Il était visible qu'elle souhaitait se débarrasser de cet importun. Elle fit quelques pas vers le buffet, mais Cattau la suivit :

– Madame, je n'en ai pas terminé avec vous.

– Permettez, dit-elle, mes devoirs de maîtresse de maison...

Dieu merci, Romain venait vers eux, souriant, élégant, à l'aise. Thérèse fit les présentations et chargea son frère de s'occuper du notaire. Il fallait en finir avec ce Cattau. Vite et sans témoins.

– Voyez, madame, constata le banquier, chacun ici s'amuse. Vous paraissez vous-même très gaie, avenante avec tout le monde, même avec les notaires de province. Il n'y a que moi qui ne m'amuse pas.

– Mais amusez-vous! Qui vous en empêche?

– L'idée que l'on se divertit ici à mes frais et qu'en outre on m'y traite avec une légèreté coupable. C'est inadmissible.

– Monsieur, finissons-en, dit Thérèse en passant derrière le buffet. Si je le pouvais, je vous réglerais immédiatement vos intérêts et je vous rembourserais intégralement votre prêt, ne serait-ce que pour ne plus avoir à souffrir votre présence chez moi.

« La garce, se dit Cattau. J'aurais mieux fait de retourner au *Moulin Rouge.* Non seulement, je n'aurais pas perdu ma soirée, mais j'aurais évité de me faire insulter. »

La veille, il était allé avec sa femme écouter la chanteuse Yvette Guilbert, qui avait remplacé la Goulue. Dans la salle, incognito, le prince de Galles applaudissait la belle Yvette et lui faisait bisser sa dernière chanson : *Le Fiacre.*

Mais il fallait en finir avec cette grande Thérèse.

– Madame, dit-il, non seulement vous me devez de l'argent, non seulement vous ne me remboursez pas, mais vous êtes grossière avec moi.

– Pourquoi ne faites-vous pas comme tout le monde? Vous pourriez accepter un billet en règlement de vos intérêts. Ça simplifierait tout.

– Madame, ne plaisantez pas avec moi. Je pourrais faire un scandale, vous le savez.

Il était excédé et c'était si évident que Thérèse s'alarma.

– Mardi prochain, vous toucherez vos intérêts. Etes-vous content?

– Je le serai mardi. Bonne soirée, madame.

– Vous partez déjà?

Thérèse paraissait à la fois soulagée et inquiète.

– Je ne donne jamais de fêtes chez moi, dit Cattau, et je ne veux rien prendre de ce que je ne puis rendre. Madame, je vous salue.

Il s'inclina gravement avant de se diriger vers la sortie. Mais il lui fallait contourner les groupes, veiller à ne froisser aucune dentelle, à ne piétiner aucune traîne. « On se croirait chez Boni de Castellane, songea-t-il. La vraie fortune en moins, le mauvais goût en plus. »

Il se trouvait au milieu d'une salle, quand il croisa Philippe de Véricœur, un ami de ce Léon Daudet qui avait écrit un si violent pamphlet lorsque le capitaine Dreyfus avait été dégradé. L'homme, qui était grand, mince, monocle à l'œil, pincé, sanglé, cambré dans son habit joliment coupé, l'apostropha :

– Vous ici, Cattau! Je vous croyais chez les Rothschild.

Cattau s'immobilisa, soudain inquiet. Ce Véricœur était redoutable. Chaque fois qu'ils se rencontraient, l'ami de Daudet essayait de l'humilier publiquement. La dernière fois, c'était à la première de *Cyrano de Bergerac*, au théâtre de la Porte-Saint-Martin. Au foyer, alors que défilaient Georges Clemenceau, Catulle Mendès, Cochery, le ministre des Finances, Véricœur l'avait apostrophé et lui avait demandé si, lui aussi, il portait un faux nez. Il avait fui sans répondre.

Mais ici, il devait faire front :

– Que ferais-je chez les Rothschild? dit-il.
– Ce que vous faites ici, répondit l'autre. Triste mine.
L'éclat de Philippe de Véricœur avait arrêté les conversations et tous les groupes s'étaient rapprochés des deux hommes.
– Triste mine? répéta sottement Cattau qui se sentait coincé et paniquait.
– C'est peut-être à cause de ce... comment dites-vous... « Treyffus »? avança Véricœur.
– Je ne connais personne de ce nom, dit Cattau avec la pénible impression de s'embourber.
– Mais si, voyons! Un capitaine!
– Monsieur de Véricœur, c'est vous qui connaissez des capitaines, pas moi.
– Ce qui signifie? Allez, ayez du cran! Allez au bout de votre pensée.
– Je n'ai rien à ajouter, dit Cattau. Bonsoir.
Mais Philippe de Véricœur n'avait pas l'intention d'en rester là. La proie était trop belle; il ne la lâcherait pas.
Il suivit Cattau :
– Venant de vous, le fait de connaître des capitaines est sans doute une insulte?
– Prenez-le comme vous voudrez, monsieur. J'ai d'autres chats à fouetter.
Véricœur s'immobilisa, hautain, et haussa la voix :
– Les rapaces volent de nuit!
Cinglé par l'insulte, Cattau se retourna :
– Que dites-vous?
Il prit la carte de visite que Philippe de Véricœur lui tendait et dit lentement :
– Monsieur, dimanche dernier, à l'église de la Madeleine à huit heures, une messe a été célébrée pour honorer les héros de la banque et de la finance morts pour la France en 1870. J'y étais et je ne vous ai pas vu.
Véricœur eut un sourire méprisant.

– Monsieur, quand je me rends à la messe, il n'est pas nécessaire que l'on m'y voie.

Cattau soutint un instant le regard de Véricœur, puis il fit demi-tour. L'autre le suivit :

– Vous pouvez considérer cela comme une insulte, dit-il.

Romain avait entendu. Il se précipita :

– Allons, messieurs! Du calme!

Mais Véricœur était lancé :

– Faut-il que je prononce le mot « juif » pour que vous vous considériez comme outragé?

Romain posa une main apaisante sur l'épaule de Véricœur :

– Cher ami, je vous en prie!

Philippe de Véricœur le repoussa. On n'allait pas le priver d'une si belle prise. Ces métèques étaient vraiment indésirables.

– Vous pourriez peut-être, dit-il, vous joindre à deux de mes amis et à moi, demain matin de bonne heure, au bois, sur le pré. C'est bon pour le teint et cela vous ferait le plus grand bien. Profitez-en, l'herbe est gratuite.

– Je ne broute pas, merci, répondit Cattau en fuyant. Profitez-en seul.

Déçu et furieux, Véricœur prit les invités de la grande Thérèse à témoin :

– Là, il y a insulte caractérisée, n'est-ce pas?

A nouveau Romain intervint pour tenter de calmer Véricœur :

– Mais non, mais non... Laissez-moi vous présenter Me Dumort, du Havre.

– De Rouen, corrigea Dumort.

– Parfaitement, approuva Romain. C'est tout comme, non?

– Non, protesta Dumort. Enfin...

– Enchanté, dit Philippe de Véricœur en annonçant ses titres et sa qualité de conseiller financier. (Puis, se tournant vers Romain :) Daurignac, je ne comprends pas que vous receviez encore de tels individus. Vous devriez savoir que les gens bien ferment leur porte à tous ces... métèques.

– Mais Cattau est banquier, remarqua Romain.

– La belle affaire! dit l'autre.

Romain commençait à s'énerver. L'affaire Dreyfus n'en finissait pas; ses prolongements devenaient tout à fait grotesques.

– Franchement, mon vieux, dit-il, je trouve que vous exagérez avec ce capitaine Dreyfus.

Véricœur eut une sorte de haut-le-cœur. Puis son ton se fit menaçant :

– Que dites-vous?

Romain comprit qu'il ne s'en sortirait pas par une discussion. Il fallait ménager ces « bouffeurs de juifs ». Et, après tout, Dreyfus n'était pas un homme sympathique. C'était un militaire rigide, sans chaleur, qui avait clamé son innocence d'une voix pâle. Il devait donc s'en sortir par une boutade. On lui disait souvent qu'il ne manquait pas d'esprit. Eh bien, il allait faire tourner cela en farce, et les rieurs seraient pour lui.

Il se lança en parlant haut et fort :

– Oui, mon cher, je vous l'affirme : Dreyfus n'est pas coupable!

Véricœur se cabra littéralement :

– Vous vous moquez!

– Il n'est pas coupable, répéta Romain avec un sourire ironique. Il est déjà coupé...

Le rire qu'il suscita l'étonna, bien qu'il ne se fût jamais fait d'illusions sur la nature humaine. Cette plaisanterie vulgaire enchantait Philippe de Véricœur, qui en avait les larmes aux yeux. Dumort riait plus discrètement, un peu confus de se trouver au centre d'une foule hilare.

– Qu'a-t-il dit? demanda un invité qui venait de rejoindre les autres.

Véricœur répéta avec chaleur la plaisanterie, en savourant chaque mot :

– Il ne peut pas être coupable, il est déjà coupé.

(Puis, se tournant vers Romain qui souriait modestement, il ajouta :) Mon cher, vous êtes impayable!

Un homme traversa la foule discrètement et parvint jusqu'à Dumort. C'était M. André, diligent et serein :

– Maître, dit-il, Madame vous demande. Si vous voulez bien me suivre...

Dumort parut surpris, mais cette soirée n'était-elle pas une cascade de surprises? Il suivit l'homme de confiance, traversa les salles de réception et monta jusqu'au second étage. Il eut l'impression d'enjamber un siècle, en retournant en arrière. L'électricité n'était pas arrivée jusque-là, et Dumort avança dans les lumières falotes du pétrole jusqu'à une sorte de boudoir où l'attendait Thérèse.

Elle lui fit signe de ne pas parler et de marcher sur la pointe des pieds. Tout cela avait un air de mystère dont Dumort ne savait que penser.

Soudain, Thérèse le prit par le bras et ils traversèrent ensemble un couloir. Quand ils arrivèrent devant une lourde porte, elle mit son doigt sur ses lèvres et, avec une lenteur attentive, elle entrouvrit cette porte, ce qui permit à Dumort d'entrevoir une chambre à coucher. Contre un panneau : le coffre-fort d'Auguste Daurignac, cette masse imposante aussi célèbre que la tour Eiffel mais beaucoup moins visitée, était ouvert... Et, autour d'une table pliante, étaient assis Frédéric Humbert, que Dumort voyait de face, et un autre homme dont on n'apercevait que le profil perdu et un dos large et puissant. Entre eux : des liasses de titres.

Soudain, Dumort sursauta : on parlait dans cette chambre. On parlait dans une langue que le notaire reconnut :

– *All right, Mr Crawford? No mistake?*

C'était la voix de Frédéric. L'autre répondit par un grognement. Puis, après avoir compté les liasses, il dit distinctement :

– *One hundred and fifty-five.*

Dumort paraissait abasourdi. Il eut à peine conscience que Thérèse refermait la porte de la chambre puis l'entraînait vers l'escalier. Avant de redescendre, ils s'arrêtèrent un instant :

– C'était Robert Crawford, l'aîné, chuchota-t-elle.

– Je n'en doute pas, dit Dumort dont les yeux étincelaient de plaisir.

Thérèse lui sourit, détendue, heureuse.

– Cher maître, vous aviez raison : les Crawford ne sont pas opposés à une transaction définitive. Nous avons eu une conversation avec eux, mon mari et moi, cet après-midi, dans leur hôtel.

– Ah! fit Dumort à nouveau inquiet. Je suppose qu'ils veulent beaucoup d'argent?

Thérèse secoua la tête sans qu'un seul cheveu de sa superbe coiffure bougeât.

– Plus exactement, ils ne veulent pas d'argent, dit-elle de sa voix rauque. Ou si peu... Trois millions chacun.

Dumort, qui s'attendait au pire, répéta, incrédule :

– Trois millions!

– Ils prétendent que c'est pour tester notre bonne foi.

– Vraiment? Et ils renonceront à toute autre prétention sur l'héritage?

– Presque. Enfin, ils y mettent une condition. Robert Crawford a un fils de l'âge de ma sœur Marie... Vous avez compris?

– Un mariage? s'étonna Dumort.

Thérèse fit oui de la tête et soudain son sourire se figea.

– Maître, j'ai peur! fit-elle en l'entraînant vers le boudoir où il l'avait rejointe quelques instants plus tôt.

Elle le fit asseoir dans un fauteuil Empire et s'installa sur un pouf jaune.

– Que craignez-vous? fit Dumort. Un refus de la part de Mademoiselle votre sœur?

Elle soupira. L'affaire était beaucoup plus compliquée. Regardant ses mains potelées et pâles, elle assura à Dumort que Marie lui obéirait : la jeune fille n'était-elle pas une vraie chrétienne, élevée dans un esprit de devoir et de sacrifice? Thérèse lui révéla qu'elle avait dû empêcher Marie d'entrer dans les ordres. Mais oui, sa sœur était une petite sainte. Le problème n'était donc pas là. Il était provoqué par les Crawford, ces drôles d'Américains qui renonçaient soudain à une fortune pour exiger un mariage! Cela paraissait à la fois trop simple et très troublant.

Dumort réfléchissait, ses gros sourcils se rejoignaient sous le front bas.

– Sont-ils prêts, en échange de ces six millions, à vous signer un acte de transaction, vous reconnaissant comme seule légataire de la succession Crawford?

– Ils prétendent qu'un simple échange de lettres, à la remise de l'argent, suffira. Nous sommes entre gens de bonne foi...

– Bien! fit Dumort. Nous ferons simplement certifier puis enregistrer ces pièces en bonne et due forme.

Thérèse paraissait rassérénée; le vert de ses yeux s'adoucissait, prenait une teinte brumeuse.

– Les Crawford veulent signer dès la semaine prochaine, dit-elle encore. Et, bien sûr, je leur ai promis les six millions à la signature. C'est une somme ridicule, mais je vais devoir une dernière fois emprunter et affronter tous les requins de Paris.

Dumort sourit : cette femme lui plaisait; il ne la laisserait pas dans l'embarras.

– Madame, dit-il, permettez-moi de vous procurer une partie de cette somme à des taux dits provinciaux : quinze pour cent sans prime sur le capital et sans commission.

– Maître... vraiment...

– Vous m'obligeriez, insista-t-il.

– Soit, j'y consens. Quelle somme pensez-vous pouvoir m'avancer?

– Disons que je me charge de pourvoir Robert

Crawford puisque c'est celui que j'ai le plaisir de connaître.

Le calcul était simple. De nouveau, Thérèse sourit :

– Trois millions, n'est-ce pas?

Dumort approuva en répondant au sourire de Thérèse.

– Je ferai craquer quelques bas de laine, mais six millions pour en libérer cent, voilà une transaction que l'on souhaiterait tous les jours. Et puisque c'est l'amour qui nous vient en aide... Ce mariage inespéré...

– Vous avez raison, maître : l'amour est un allié précieux en affaires. (Elle se leva, l'invitant à en faire autant :) Vous devriez descendre, proposa-t-elle gaiement. Je n'ai que trop abusé de votre temps. Je vous en prie, allez vous restaurer et vous distraire. Je vous rejoins dans un instant.

Elle le regarda partir, discret et étriqué dans son habit de location, et resta un instant songeuse, caressant d'une main distraite sa parure de diamants et rubis. Puis, d'un pas ferme, elle regagna sa chambre à coucher.

Devant la longue glace de l'armoire, son frère Emile était en train de décoller sa barbe postiche; il la posa sur la table, parmi les liasses de faux titres. Puis il entreprit d'extraire de sa bouche les deux boules de coton hydrophile qu'il y avait fourrées afin de modifier sa diction.

– *I was perfect*, dit-il. *I was a perfect Robert Crawford.*

– *Yes, my dear*, approuva Thérèse.

Frédéric s'occupait des liasses, constituées de simples feuilles blanches, mais dont chacune était recouverte de deux vrais titres. Il fourra les feuilles blanches dans le coffre, et rangea la poignée de titres dans son portefeuille.

– C'est drôle, dit Emile en passant une main sur son

visage redevenu lisse, plus je joue le rôle de Robert Crawford, plus j'ai le trac.

– Normal, remarqua Thérèse. Tous les grands artistes ont le trac. Tu as été très bien.

Frédéric eut un sourire ironique et se tourna vers sa femme :

– Alors?

– Eh bien, ça a marché au delà de mes espérances. Dumort nous prête trois millions à quinze pour cent.

– En attendant la suite, dit Frédéric rêveusement.

– Oui, mais la suite..., s'inquiéta Emile.

– Cessez donc d'être un rabat-joie, mon cher beau-frère, et retournez à vos leçons d'anglais. Nous assumerons la suite.

– Il le faudra, de toute façon, conclut Thérèse.

4

La famille Humbert-Daurignac était donc une famille d'escrocs. Mais le jeu avait pris le pas sur la mauvaise conscience. Romain, Emile, Marie avaient l'impression d'être les héros d'une comédie à rebondissements dont Thérèse et Frédéric écrivaient le texte. On « s'amusait » et c'était bien pour cette raison essentielle que la famille se révélait redoutable. Il était impossible d'entrer dans ce jeu sans devenir soi-même une victime.

Quand les escroqueries avaient commencé, dès après leur mariage, Frédéric et Thérèse avaient trouvé un allié précieux en la personne de Gustave Humbert, le garde des Sceaux. Dupé lui-même par son fils et sa belle-fille, c'était en toute bonne foi qu'il leur donnait sa caution pour leurs opérations illicites. En 1882, cette seule caution avait permis aux Frédéric Humbert d'emprunter deux cent quarante-cinq mille francs pour acheter le château des Vives-Eaux, près de Melun.

L'année suivante, pour acquérir le domaine de Celeyran qui coûtait deux millions, Thérèse et Frédéric avaient obtenu du Crédit Foncier une avance de neuf cent mille francs, sur recommandation de Gustave Humbert. Pour se procurer le reste, Thérèse avait inventé un certain château de Marcotte dont elle était la soi-disant héritière. Le mythe, déjà, fonctionnait, auquel Frédéric allait donner une réalité en confectionnant de faux actes de propriété qui furent *hypothéqués* le plus légalement du monde. Enfin, pour compléter la somme, Thérèse avait truqué des titres de rente de trois, quatre et huit francs en leur ajoutant le nombre nécessaire de zéros.

Son imagination était superbe. Ne l'avait-elle pas prouvé en donnant une authenticité et une signature aux neveux Crawford? Car Me Parmentier, leur notaire, avait la certitude que les ordres et les honoraires qu'il recevait ne pouvaient être que de leur main.

Dernièrement, quand Thérèse avait permis à Me Dumort d'apercevoir le profil et la barbe de Robert Crawford, elle avait déployé une audace peu commune. Mieux : les titres qui recouvraient les liasses de feuilles blanches avaient été achetés pour quarante-huit heures. Aujourd'hui, Frédéric les avait revendus.

Il allait falloir trouver autre chose pour occuper l'opinion et surtout ce brave notaire de Rouen. Or, c'était vers Thérèse que toute la famille Humbert-Daurignac se tournait. Elle maintenait à bout de bras une affaire qui eût effrayé d'habiles aventuriers. Elle savait que sa « construction imaginaire » pouvait tourner en un instant en catastrophe. Pourtant, elle continuait d'afficher une sérénité souriante. Ce n'était pas du talent, c'était du génie.

Frédéric était un collaborateur précieux avec ses connaissances juridiques. Mais tout reposait sur Thérèse; sur ce terrain fragile qu'elle déblayait et sur lequel ils avançaient avec une magnifique inconscience. Il arrivait à Romain d'être parfois réticent. C'était lui qui, en général, « racolait » les prêteurs, qui servait d'intermédiaire. Avec son sourire débonnaire, sa tête léonine et ce bagou charmeur qu'il avait hérité de son père, il inspirait confiance et savait en outre calmer les agressifs ou les rusés. Mais bien qu'il éprouvât pour Thérèse une affectueuse admiration, il ne pouvait s'empêcher, parfois, d'être effrayé par ses idées extravagantes. Ainsi, sa dernière lubie, ce mariage avec un Américain qui n'existait pas, comment pourraient-ils le mener sans trop de dégâts?

Romain était surtout inquiet pour Marie qui était encore très jeune. Saurait-elle jouer son rôle sans accroc? Pour l'instant, la jeune fille donnait vraiment l'impression qu'elle allait épouser le fils de Robert Crawford et non pas un fantôme. Depuis que le mariage était annoncé, l'hôtel Humbert était en effervescence : couturières, petites mains, anciens prétendants affluaient, et Marie était contrainte de sortir de son apathie naturelle.

Un matin qu'elle était dans son boudoir, en compagnie de sa gouvernante et de sa nièce Eve avec lesquelles elle brodait son trousseau, on annonça la visite du jeune homme qui avait le pouvoir de la bouleverser : Paul Deschanel, le fils de l'écrivain. Fallait-il le recevoir?

Non, dit la gouvernante, qui était une femme sans grâce, blondasse et revêche. Mais le jeune homme insista : il attendrait. Pour la première fois, Marie s'insurgea contre l'autorité de la gouvernante : elle cria, pleura, sanglota. Elle triompha. Quand le valet reparut, annonçant : « M. Paul Deschanel est toujours là », elle lui ordonna de faire entrer le jeune député et exigea de sa gardienne qu'elle les laissât seuls.

– Il n'est pas convenable qu'une jeune fille reçoive seule chez elle, protesta l'autre.

– Je ne suis pas seule, remarqua Marie. Je garde Eve avec moi.

– Il est encore moins convenable qu'une enfant assiste à de telles visites. Eve, je vous ordonne de sortir!

– Reste, Eve, supplia Marie. Reste.

Paul Deschanel venait d'entrer. La gouvernante n'osa pas insister. Marie se plongea dans sa couture, mais son vaste œil brun où traînaient encore des traces de larmes restait attaché au jeune député qui avait l'air très agité.

– Comment allez-vous aujourd'hui? demanda-t-elle.

– Comme quelqu'un qu'on assassine, répondit-il. Est-ce pour vos pauvres tout ce blanc? (Devant le mutisme de Marie et le sourire ironique de la gouvernante, il éclata :) Mademoiselle Daurignac, nous devrions nous voir seule à seul, pour une fois! J'ai de graves questions à débattre avec vous. Ma vie et mon honneur sont en jeu. Les vôtres aussi peut-être... Du moins, je l'espère.

La gouvernante le regardait comme un meuble, avec attention et sans courtoisie.

– Monsieur, dit-elle, je vous prie de mesurer vos propos et de ne pas employer des formules propres à jeter le trouble dans une jeune âme.

Mais Deschanel ne l'écoutait pas; il était furieux :

– On raconte dans Paris... On raconte des choses dont je crois trouver la preuve ici même. Car c'est bien d'un trousseau qu'il s'agit.

Sa moustache frémissait et ses yeux pâles avaient l'air de deux petits blocs de glace. La gouvernante restait impassible.

– Quel mal y a-t-il à cela? fit-elle.

– Madame, je ne suis plus un enfant. Mlle Daurignac non plus. Aussi je vous conseille de nous laisser seuls. Tenez...

Il avait sorti un louis de son gilet en piqué crème; il le lui tendit. Mais la gouvernante ne le prit pas. Elle s'amusait. Ce freluquet voulait l'acheter? Pour qui se prenait-il? Elle les connaissait, ces énergumènes qui n'en finissaient pas d'être jeunes et avides comme des chiots. Elle en avait mouché plus d'un et celui-ci ne lui faisait pas peur.

– Que dirait Mme Humbert? fit-elle avec un sourire caustique.

– Fort bien, capitula Deschanel. Je parlerai en votre présence.

La gouvernante lui fit signe de se taire; son regard filait vers Eve dont le visage allongé aux yeux mélancoliques n'était déjà plus d'une enfant. Eve participait à la « comédie » de la famille du bout des lèvres. A quatorze ans, elle avait déjà des soupirants et ne se faisait aucune illusion sur son charme personnel. L'héritage Crawford faisait accourir ces messieurs, jeunes et vieux, avec un manque de décence qui ne l'amusait même plus.

– Mademoiselle Eve, dit la gouvernante, il est l'heure pour votre leçon de piano.

– J'aimerais rester encore un instant, protesta Eve.

– Il n'en est pas question!

L'adolescente obéit et sortit après avoir salué d'une révérence Paul Deschanel. Celui-ci s'était planté devant Marie et la regardait intensément tandis qu'elle continuait de coudre.

– Alors, c'est vrai...

– Hélas, mon ami, il le faut, fit-elle de sa voix frêle.

Il se mit à marcher d'un mur à l'autre, transpirant dans son gilet trop ajusté.

– Non, non! Tant pis pour ces cent millions! Que nous importent tous les Américains du monde? Et d'ailleurs, l'avez-vous vu, ce fils Crawford?

La gouvernante intervint, laissant tomber ses mots avec délectation :

– C'est un jeune homme charmant. Il vit en Angleterre...

Deschanel s'immobilisa : il avait envie de la tuer. Il devint grossier :

– Taisez-vous, nom de Dieu! Je parle à Mlle Daurignac. Vous devriez sortir!

Il était si furieux qu'il en devenait laid. Il avait l'impression d'être victime d'une injustice épouvantable.

– Ce mariage ne se fera pas, dit-il à Marie. C'est impossible. Dans quel monde vivez-vous donc?

Marie ne pouvait répondre : un monde d'escrocs

bien sympathiques, ma sœur aînée étant la reine, et son mari, le prince consort. Elle se leva :

– Je dois sortir. Merci d'être venu. Adieu, monsieur.

Elle lui tendit la main. Deschanel se jeta sur cette main fine et longue.

– Restez, Marie. Causons. Vous n'allez tout de même pas épouser cet étranger et désespérer ainsi tout Paris... je veux dire, moi... enfin... Non! Votre sacrifice est vain.

Marie l'écouta avec un vague sourire, mi-attristée, mi-ennuyée. Puis elle retira sa main et sortit. Deschanel se tourna alors vers la gouvernante :

– Et voilà! Vous ne pouviez pas nous laisser seuls un instant, espèce de vieille toupie!

Elle avait l'œil plissé, comme si elle l'évaluait. Son mépris était minutieux :

– Je sais de quoi vous êtes capable, dit-elle. Vous êtes tous pareils quand une proie vous échappe.

– Je ne comprends pas.

– Mais si, mais si. Votre désespoir est amusant. Vous n'êtes ni le premier ni le dernier à nous rendre visite et à faire des phrases, des ronds de jambe en roulant des yeux de merlan frit. Allez, je préfère partir.

Deschanel la suivit, hors de lui :

– Savez-vous à qui vous parlez? Je suis député de Seine-et-Marne. Je ne suis pas n'importe qui. Des yeux de merlan frit! C'est un peu fort.

Mais la gouvernante avait disparu, laissant la place à Philippe de Véricœur, qui entra.

– Personne n'annonce aujourd'hui? s'étonna-t-il. Tiens, Deschanel! Vous ici! Je vous croyais à la Chambre.

« Il ne manquait plus que cet opportuniste, se dit Deschanel. Il s'emploie à faire des scandales chez les Humbert, il critique ces parvenus, il crie que c'est " le monde où l'on s'ennuie ", comme dans la pièce que l'on joue au Français, mais il accourt dès qu'il sent l'odeur de l'argent. Un vrai personnage de Zola! »

– Que venez-vous faire ici? demanda-t-il.

– Voir.

– Tout est vu. Elle épouse l'Américain.

– Merde, dit l'autre. Et si nous allions parler à la grande Thérèse?

– Pourquoi « nous »? fit Deschanel avec hauteur.

– Parce que l'union fait la force.

– Eh oui! vous ne croyez pas si bien dire. Voilà une union qui établira définitivement la fortune des Humbert. Nous n'y pouvons rien. Comment lutter contre cent millions or avec vos seules belles moustaches et vos yeux de merlan frit?

Véricœur laissa glisser l'insulte : Deschanel avait ses entrées chez les puissants et on lui prédisait une très brillante carrière. Qui sait? Il deviendrait peut-être un jour président de cette odieuse Troisième République.

– Il reste un espoir, dit-il.

– Quel espoir?

– La fille, la jeune asperge, Eve Humbert. Elle a grandi de travers, elle est maigrichonne, mais il paraît que sa mère l'était à son âge. Depuis, comme vous le savez, elle s'est épanouie.

– Le désespoir ne tue pas, il fait vivre, vous avez raison, approuva Deschanel. Eve est aussi un beau parti. J'y songerai.

Véricœur laissa fuser un grand rire :

– Bravo! Vous comprenez vite. Alors, que le meilleur gagne! Mais laissons les Humbert pour aujourd'hui. Ils sont sollicités par les rapaces habituels. Distinguons-nous de ces médiocres.

Thérèse et Frédéric, qui se tenaient dans le grand salon, n'étaient sollicités pour l'instant que par des marchands. Dans un coin de la pièce, en compagnie de sa gantière, Thérèse essayait des gants qu'elle posait sur un guéridon en marqueterie, une petite merveille du XVIIIe siècle, tandis qu'à quelques mètres de là, Frédéric contemplait le tableau qu'un spécialiste lui proposait.

Après avoir choisi quelques paires de gants, Thérèse s'avança vers le tableau : une *Descente de croix* de Le Sueur. Mais la signature lui importait peu.

– Non, dit-elle. Décidément, il ne me plaît pas. Les couleurs sont belles... Mais...

Elle oubliait qu'elle-même avait voulu acheter ce tableau à une vente de l'hôtel Drouot et qu'il lui avait échappé. Ses caprices ne déroutaient plus Frédéric, mais ils surprenaient le marchand qui avait cru faire une bonne affaire.

– Qu'est-ce qui te déplaît? demanda Frédéric.

– J'ai peur que ça choque, dit-elle.

– Une Descente de croix? s'étonna le vendeur.

– Oui. Je reçois des députés, des ministres, des israélites, même. Ça peut choquer. Peut-être pour une chambre à coucher, mais dans un salon...

Frédéric n'avait qu'une politique : ne jamais désapprouver sa femme. Ils étaient heureux ainsi : le bonheur dans l'escroquerie, se disait-il en s'inspirant de ce Barbey d'Aurevilly dont il avait tant apprécié *Le Bonheur dans le crime.*

– N'auriez-vous pas quelque chose de plus gai? demanda-t-il au marchand de tableaux. Avec des chevaux, par exemple? A l'anglaise.

– Une chasse à courre?

– Frédéric, rien d'anglais ici, voyons, protesta Thérèse. Nous aurions l'air de faire le lit de ce jeune Crawford. Restons français, que diable!

– Que diriez-vous de scènes de guerre, de batailles célèbres? proposa le marchand.

– La guerre, c'est bien, approuva Thérèse. Mais sans violence, n'est-ce pas?

– Certes, fit l'autre.

– Et sans morts!

« On adore me prêter des propos idiots, pensa-t-elle. Mais personne, à part Frédéric, ne soupçonne que, ces propos, je les tiens sciemment. Une manière de duper les snobs et les vrais imbéciles. »

Le marchand allait insister quand M. André vint prévenir Thérèse que plusieurs personnes l'attendaient dans l'antichambre. Thérèse revint à ses gants, en choisit encore quelques paires, sous l'œil intéressé du marchand de tableaux.

– L'annonce d'un mariage, dit celui-ci, suscite toujours des marques de sympathie et d'intérêt, n'est-ce pas?

– D'intérêt, on ne saurait mieux dire, soupira Thérèse. Bon, trouvez-moi quelque chose de joli, avec des couleurs qui s'harmonisent avec les tentures de mon salon et arrangez cela avec mon mari. Vous savez, il peint lui-même...

– Vous devriez me montrer vos toiles, cher ami, s'empressa le marchand.

Frédéric eut un petit geste de la main pour signifier qu'il ne se prenait pas au sérieux.

– Je ne peins pas pour vendre, précisa-t-il.

– J'entends bien, dit l'autre, mais l'argent est nécessaire pour établir la valeur d'une œuvre d'art.

– Très juste, très juste, approuva Frédéric.

Thérèse eut pour lui un regard attendri avant de sortir pour regagner son bureau où elle devait recevoir ses visiteurs.

Une fois de plus, il allait falloir faire front. Mais aujourd'hui, ce serait sans doute moins fatigant et plus routinier que la dernière « opération » qu'elle avait réalisée quelque temps plus tôt. Aujourd'hui, elle laisserait parler ces prêteurs-usuriers qui, hier, lui réclamaient leur argent avec hargne et grossièreté. Des girouettes : on les retournait en un tour de main. Il suffisait d'un peu d'imagination...

Elle devint rêveuse. Après sa mort (car elle ne pouvait penser que ce fût de son vivant), quand on parlerait de Thérèse Humbert, on dirait peut-être qu'elle avait eu du génie; qu'ils avaient été, elle et son mari, ainsi que ses frères, les plus grands escrocs du siècle.

Elle s'assit un instant sur une banquette recouverte de soie bleue afin de savourer leur dernière « opération », dont elle seule avait eu l'idée. Elle avait convoqué, d'une part, maître Dumort, et d'autre part, maître Parmentier, qui représentait les Crawford, pour faire dresser un procès-verbal du réemploi des intérêts des titres de rente constituant l'héritage. Car les coupons venus à échéance chaque trimestre étaient supposés être touchés par elle et immédiatement réemployés, venant ainsi grossir le capital.

Les deux notaires avaient donc constaté officiellement que les Humbert possédaient 677 760 francs de coupons de rente. Ces coupons avaient été convertis en de nouveaux titres, lesquels avaient été placés dans une enveloppe cachetée et venaient s'ajouter aux cinq gros paquets fictifs du fameux coffre-fort.

Par quel miracle ces 677 760 francs avaient-ils abouti là? Pensant à son astuce, Thérèse en souriait encore. La veille du constat, elle avait fait acheter par Frédéric des coupons de rente pour cette somme exacte et les avait présentés aux deux notaires comme étant l'intérêt (fort bien calculé) du capital imaginaire. Devant Dumort et Parmentier, elle avait transformé (puisqu'elle y était contrainte par les Crawford) les coupons en titres nouveaux, lesquels avaient été placés dans l'enveloppe cachetée. Après le départ des deux notaires, il avait suffi de rouvrir l'enveloppe et de revendre les titres.

Désormais, elle était parée : elle n'avait plus à faire la preuve que l'héritage était dans son coffre-fort : un procès-verbal en bonne et due forme en témoignait. Quant à la publicité, elle pouvait compter sur Dumort qui, en toute bonne foi, déclarait à qui voulait l'entendre : « J'ai moi-même constaté que Mme Humbert possède 677 760 francs de coupons représentant les intérêts d'un trimestre. La rente annuelle est donc de 2 710 740 francs. Au cours de 100,50, cette rente représente un capital de 90 806 440 francs. Par conséquent, aucun doute n'est possible. »

Le sourire de Thérèse se brisa net : dans l'antichambre où ils attendaient, ses créanciers discutaient. Ils devaient être trois ou quatre. Thérèse reconnaissait leurs voix. Elle prêta l'oreille :

– Mon vieux, se plaignait un certain Charron, c'est à décourager d'embaucher des ouvriers. Faites-les travailler plus de douze heures par jour, ils portent plainte. Faites-les travailler moins, ils claquent du bec et posent des bombes. Qu'est-ce qu'ils veulent? La chaîne et la montre? La tartine beurrée des deux côtés?

Ce Charron était un homme trapu qui avait un visage commun d'une douceur un peu molle. Le compère qui lui répondit, Thérèse le connaissait aussi : une figure jaune aux longs traits coupants : Aristide Hervieu.

– Mon cher, disait-il, il faut vivre de ses rentes et ne rien entreprendre, jamais.

– Encore faut-il trouver des placements sûrs et juteux, dit Charron. Regardez Panama, l'Union générale. Quelle déroute! (« Des imbéciles, se dit Thérèse. Mais c'est avec ces imbéciles-là que l'on peut naviguer à vue; il suffit de leur donner confiance là où ils devraient le plus se méfier. Le fameux bon sens des Français est d'une fragilité comique. Oui, comique. Si j'osais, j'en rirais devant eux. » Elle appuya de nouveau sa tête contre le mur et entendit Charron grommeler :) Moi, je ne confie mon épargne qu'à des particuliers. Je les regarde dans les yeux. J'ai confiance ou je n'ai pas confiance. Ainsi vous, Salignac, je vous regarde et je ne vous prête pas. (Salignac était donc revenu! Thérèse jubilait. Elle le moucherait, elle lui ferait payer son insolence et son mauvais esprit. Il avait beau être né à Toulouse, être allé au collège avec Romain, ce n'étaient pas là des raisons pour le ménager. Ah! le petit salaud! Il allait voir comment Thérèse Humbert savait se débarrasser d'un importun, d'un lâche, d'un traître... Charron poursuivait :) Quand je regarde Mme Humbert, j'ai confiance et je lui prête.

– Si j'avais cent millions, on me prêterait aussi, soupira Salignac.

Mais Charron ne l'écoutait pas; il était lancé :

– Panama, connais pas, moi. Chemin de fer du Sud, jamais vu non plus sa binette. Rio Tinto, Canadian Pacific, ce sont rastaquouères et compagnie. Non merci.

– Je suis de votre avis, dit Hervieu. Mais Félix Faure et son emprunt d'Etat, le tsar de toutes les Russies et ses fonds russes, ce sont des hommes qui inspirent confiance, non?

– Ne mélangeons pas torchons et serviettes, protesta Charron. Qui empêche le beau Félix de partir demain avec la caisse? Il aime trop les femmes, cet homme-là; un jour il en mourra. Tandis que le tsar, c'est autre chose...

Soudain, Thérèse entendit une autre voix, qu'elle eut du mal à reconnaître parce que ces voix, en sa présence, n'étaient jamais tout à fait naturelles. Ou bien les prêteurs se faisaient doucereux (comme ce serait sans doute le cas aujourd'hui) ou bien ils se mettaient en colère et n'hésitaient pas à crier.

Donc, qui était cette troisième voix? Thérèse se concentra... Mais oui, c'était bien Laugier, le petit Laugier qui disait :

– Vous êtes pour les entreprises familiales.

– Dynastiques, corrigea Charron. J'ai des fonds russes, des fonds roumains et même des fonds japonais. Mais là encore, je sais à qui je prête. Le mikado, j'ai vu sa tête! J'ai vu sa photo.

Il y eut une sorte de brouhaha puis des exclamations, et Thérèse comprit que son frère Romain venait de faire son entrée. Une entrée théâtrale, comme d'habitude. Romain était incorrigible, mais il lui rappelait tellement son père que Thérèse lui pardonnait tous ses excès.

– Mon pays! s'écria Salignac. Le prince consort.

– Je sors pas, je rentre, répliqua Romain.

Et Thérèse mesura à l'intensité des rires la remontée de la cote des Humbert-Daurignac. Allons, même les plaisanteries les plus grosses étaient digérées par leurs courtisans. Elle allait pouvoir manœuvrer en toute quiétude.

– Peut-on te féliciter? dit Salignac.

– Et pourquoi? s'étonna Romain.

– Ce mariage...

Thérèse pensa qu'il était temps de faire son apparition. Elle se leva et vérifia sa coiffure dans un miroir. Un haut chignon retenait ses cheveux drus et fauves, qui auraient pu rivaliser avec la superbe crinière de la fameuse « Casque d'or » si Thérèse avait été un peu plus jeune et surtout moins « respectable ».

Elle s'avança, digne, sereine, faisant taire les rires et les conversations. C'est alors qu'elle aperçut Cattau. Il était assis à l'écart, sombre, muet. Mais quand il la vit, il se leva aussitôt et s'avança vers le bureau pour ouvrir la porte à Thérèse.

– Messieurs, dit-il, permettez. Le plus riche d'abord.

Les autres protestèrent et Salignac s'étonna :

– Eh bien, Daurignac, tu ne dis rien?

– Il a raison, répondit Romain. Il a payé sa place.

Un homme s'avança, qui jusque-là était resté très discret. Il était petit, voûté, vieux et charmant.

– Cher monsieur, dit-il à Romain, je ne vois pas l'intérêt de déranger Mme Humbert. Comme tous les ans, je viens pour les orphelins de la police.

– Non, commissaire, non! riposta Romain avec une colère feinte. Voyez Thérèse, elle est si généreuse. Elle adore donner. Moi, je suis pingre, surtout quand il s'agit d'enfants, en particulier les orphelins qui font peur aux chevaux avec leurs cris et leurs larmes.

De nouveau, il y eut des rires obséquieux, que brisa l'entrée de M. André qui s'approcha de Salignac et lui chuchota quelques mots à l'oreille.

Salignac devint blême; son long nez s'allongea encore et ses petits yeux papillotèrent :

– Comment? fit-il. Il faut que j'écrive et on me répondra? Qu'est-ce que ça signifie?

M. André réprima un soupir :

– Mme Humbert m'a demandé de vous dire cela discrètement.

Evidemment, c'était raté : tous les autres s'étaient tus et regardaient Salignac, qui prit Romain à témoin :

– Enfin, mon vieux, qu'est-ce que ça veut dire? J'ai pris la peine de me déplacer. Je l'ai attendue...

– Tu sais comment sont les femmes, dit Romain, qui se mit à fredonner une chanson de Paulus.

– Mais enfin, qu'est-ce que j'ai fait? insista l'autre.

– La disgrâce, Salignac, on n'y peut rien.

Romain s'inclinait une fois encore devant les décisions de sa sœur aînée. Il savait à quel point Thérèse pouvait être rancunière. Aujourd'hui, Salignac payait son insolence, et Romain se demandait dans quelle mesure Cattau n'allait pas payer, lui aussi, ses outrances.

Pour l'instant, le banquier se faisait doucereux afin d'essayer de regagner les bonnes grâces de celle que l'on appelait de nouveau l'héritière. Il proposait à Thérèse de lui faire un nouveau prêt en attendant l'arrivée des fameux cent millions. Et, observant cet homme avec une ironie non déguisée, Thérèse devenait cynique :

– Je pensais que vous vouliez rentrer dans vos fonds, non?

– Je ne suis pas à quelques mois près. Douteriez-vous de moi?

– C'est vous qui doutiez de moi.

– Madame, vous m'offensez.

Cette comédie, Thérèse la connaissait depuis trop longtemps; elle ne l'amusait plus.

– Bon, dit-elle. Parlons chiffres. Où en sommes-nous?

Cattau eut un pauvre sourire qui découvrit des gencives pâles, sans salive.

– Disons que cinq ou six de mes millions sommeillent dans vos livres et dans votre coffre...

Elle ne put s'empêcher d'admirer le culot de ce petit homme; il aurait pu faire un associé ou, plus exactement, un complice exemplaire.

– Ça s'appelle faire des petits en dormant, dit-elle. Vous ne m'avez prêté que deux millions cinq. Comment puis-je vous en devoir cinq ou six? Au fait : est-ce cinq ou six?

Il ne se démonta pas et dit qu'il n'avait pas son carnet sur lui.

– Je suis là pour vous aider à conclure avec les Crawford, ajouta-t-il. Combien vous faut-il?

– Votre argent est trop cher pour moi.

– Mais, madame, vous serez demain la dame la plus riche de France. Rien n'est trop cher pour vous. Allez, je vous apporte demain un petit million tout rond et nous en serons à sept, j'aime les chiffres impairs; ils portent chance.

« Petite ordure, se dit Thérèse. Si tu savais où j'en suis... » Mais elle-même n'y pensait que rarement. Elle marchait, dansait, virevoltait sur un terrain miné avec une insolente assurance. Que risquait-elle? Là non plus, elle n'osait s'aventurer dans des prévisions que tout autre qu'elle eût envisagées. Il lui semblait que tout s'arrêterait d'un coup, avec sa mort, mais pas avant. Quand elle était moins optimiste, elle se disait qu'avec un bon avocat... Ce Labori, par exemple, cet homme qui avait eu l'audace de défendre Dreyfus puis Zola. Un vrai taureau dans l'arène. Labori fonçait superbement. Ce n'était peut-être pas par hasard qu'elle avait suivi ces deux procès avec passion. Elle avait déjà mis la main sur lui...

En attendant, elle allait plier à sa volonté cet odieux Cattau.

– Un million? fit-elle. Alors nous en serons à six puisque aussi bien vous hésitiez entre cinq et six.

– Soit, mais en échange...

Elle ne le laisserait pas aller plus loin. Elle se leva et s'avança vers la porte dans sa robe mauve rehaussée de dentelle blanche.

– Restons-en là, dit-elle. Je n'ai plus de temps à perdre.

Mais Cattau redevenait humble, suppliant :

– Il ne s'agit pas d'argent, dit-il, mais d'honneur.

La robe mauve virevolta en même temps que Thérèse :

– D'honneur?

– Madame, des bruits courent sur moi. On me traite d'usurier, de juif, de détrousseur, de rapace, d'aigrefin, que sais-je encore... (« Et on a bien raison, pensa Thérèse en revenant vers sa chaise. Ce petit Cattau a trop de chance. ») Je veux faire cesser ces bruits définitivement, dit-il. Depuis que nous sommes, vous et moi, en relations d'affaires, avez-vous eu à vous plaindre de moi?

Elle se dit bien sûr que oui. « J'ai été volée, trompée, bafouée. » Mais elle demanda simplement :

– Où voulez-vous en venir?

– J'aimerais que vous expliquiez par écrit que j'ai toujours loyalement soutenu vos efforts pendant ces longues années où vous avez été en procès avec les Crawford. Au seuil de la victoire, il est juste que le mérite de chacun soit reconnu et récompensé, n'est-il pas vrai?

Il y eut un silence. Thérèse réfléchissait. L'honneur de ce petit métèque lui importait peu; elle le lui ferait payer. C'était étrange ce cheminement de son esprit... Pourquoi pensait-elle au général Boulanger qui venait de se suicider sur la tombe de sa maîtresse? Elle l'avait reçu chez elle, et cela c'était un honneur. Seigneur, elle en avait été si fière! Et l'homme était si simple, si direct, si courtois! Il s'installait près de la cheminée et bavardait avec Frédéric ou avec Romain. Et toujours un compliment pour elle et pour Marie...

L'arrivée de M. André la tira de sa rêverie. Elle se tourna vers Cattau :

– Vous me demandez beaucoup...

– Madame, vous voyez ainsi combien j'attache de prix à votre estime.

– Parfait. Je vous propose cinq millions et la lettre, et nous serons de nouveau sur un chiffre impair. Il ne faut jamais contrarier les chiffres, n'est-ce pas?

– Par pitié, ne mélangeons pas argent et reconnaissance...

– Cinq millions, répéta Thérèse, et la lettre signée par mon mari et moi-même.

Cattau feignit de capituler :

– Que mettrez-vous dans la lettre?

– Frédéric s'en chargera, il fait cela très bien; en vers, même si vous le souhaitez.

– Disons cinq millions cinq, marchanda Cattau. Il s'agit déjà d'un gros sacrifice de ma part.

– Nous en parlerons dans la lettre, sourit Thérèse. Venez demain avec le million manquant et vous aurez votre papier.

Elle se leva pour lui signifier son congé. Mais Cattau paraissait soudain inquiet :

– Bien entendu, dans quelques mois vous aurez enfin touché l'héritage...

– Bien entendu, approuva Thérèse. (Puis, s'adressant à M. André :) Inscrivez M. Cattau pour un million et faites-moi penser à parler de cette lettre à mon mari.

Elle tendit sa main à Cattau, que celui-ci baisa :

– A demain donc.

En sortant, le banquier posa un regard de mépris sur les créanciers qui attendaient :

– Au suivant de ces messieurs! cria-t-il.

Il y eut une bousculade, puis le commissaire fit un mouvement pour se retirer. Mais les autres, bons princes, le poussèrent vers la porte :

– Allez, commissaire, allez donc! Les orphelins d'abord!

L'homme, dont le visage et les cheveux étaient aussi gris que la redingote, entra dans le bureau avec une humilité non feinte. Tandis qu'il lui baisait la main, Thérèse souriait, sa bonne humeur recouvrée.

– Comment se porte M. Lépine? demanda-t-elle.

Celui-là aussi, ce préfet de police, fréquentait chez elle. C'était même un assidu. Il venait d'être sévèrement critiqué par Henri Rochefort, dans *L'Intransigeant,* qui lui reprochait son inefficacité dans l'incendie du Bazar de la Charité : « Vous n'hésitez pas à violer les domiciles, écrivait le journaliste, pour fouiller les papiers ou saisir des cigares de contrebande, mais vous respectez un endroit public parce que des gens du monde sont à la porte. »

Dieu merci, se disait Thérèse, Lépine s'en était sorti en faisant retomber la responsabilité de l'incendie sur l'organisateur du Bazar. Un malin, ce Lépine. Un homme qu'il ne fallait pas perdre de vue.

Elle se montra très généreuse avec le commissaire.

5

La nuit était enveloppée d'une brume épaisse, que perçait à peine la lumière des becs de gaz, quand Salignac entra dans un café, place de la Bourse, où il avait ses habitudes.

Il s'installa au comptoir et commanda un Picon, sans remarquer, assis au fond de la salle, seul, un jeune homme brun aux yeux très vifs, coiffé d'une casquette de sportsman et d'un costume prince-de-galles. C'était un journaliste du *Matin*, Louis Leplet, qui avait l'ambition de devenir un Henri Rochefort ou un Gaston Méry. Seule une grande affaire pourrait lui donner la possibilité d'accéder à la notoriété de ses deux aînés. Or, il avait la conviction que les Humbert-Daurignac et leur fabuleux héritage qui faisait tant de bruit lui fourniraient la possibilité de se distinguer. Il suffisait d'être patient et de frapper à la bonne porte.

Jusqu'à présent, aucun de ses confrères n'avait réussi à interviewer, ou même à apercevoir, ces frères Crawford qui, après avoir contesté l'héritage de la grande Thérèse, désiraient marier leur fils et neveu à Marie Daurignac. Mais lui, Leplet, se faisait fort de les rencontrer. Depuis le début de la soirée, il suivait Salignac dans ses déambulations. Salignac, c'était une bonne « porte » ou, du moins, un bouton de porte, puisqu'il était l'ami de Romain Daurignac. Le faire parler serait un jeu d'enfant. Leplet irait même jusqu'à l'acheter. Ces Salignac se vendent sans scrupule quand ils ont besoin d'argent, et visiblement c'était le cas. Il suffisait d'attendre un peu : l'homme était déjà ivre et pérorait, s'adressant au garçon de café qui en avait entendu d'autres et restait flegmatique.

Leplet tendit l'oreille :

– J'ai rendu service, je me suis dépensé comme s'il s'agissait de ma propre famille, et pour toute récompense, c'est la disgrâce. Voilà bien les parvenus... Parce que j'ai connu son père, moi. Je veux dire le père de la grande Thérèse, le bel Auguste, la grande gueule, un bonimenteur, un aventurier au petit pied, qui mariait n'importe qui avec n'importe quoi dans son agence matrimoniale. Et aujourd'hui, madame voudrait faire croire qu'elle sort de la cuisse de Jupiter. Mais elle est allée un peu trop loin avec moi. Il ne faut pas me bousculer, sinon... (Salignac sortit un papier de son portefeuille et le tendit au client qui était venu s'asseoir sur le tabouret voisin.) Regardez. C'est elle qui a écrit cela : « Je reconnais devoir à M. Louis Salignac (c'est moi) la somme de cent trente mille francs. » Signé : Thérèse Humbert. Elle ne pouvait pas me payer la totalité. Alors, pour lui rendre service, j'ai accepté ce billet en attendant l'argent.

– Vous vendez quoi? demanda le voisin.

– Des services, monsieur. Des services que je livre à domicile.

– Et c'est un bon métier?

– Le seul qu'un homme du monde puisse exercer sans déchoir.

Il ne vit pas arriver Leplet et fut surpris quand le journaliste l'interpella :

– Bravo, monsieur Salignac! Permettez-moi de vous offrir un verre pour vous prouver mon admiration.

– Vous me connaissez? s'étonna Salignac.

– Qui ne vous connaît?

– Et à qui ai-je l'honneur?

Leplet dit qu'il était reporter au *Matin* et demanda au garçon de les servir.

– Nous avons dû nous croiser chez Mme Humbert. Vous êtes de ses amis, non?

Salignac sourit. Ami de la grande Thérèse? Qui l'était? Elle n'avait que des créanciers ou des relations qui pouvaient l'aider à nourrir son ambition.

– Je suis l'ami de son frère Romain, dit-il. Nous avons été potaches ensemble et, jusqu'à son départ pour l'Argentine, inséparables.

– Romain a donc vécu en Argentine?

Leplet enregistrait et savait que sa mémoire ne le trahirait pas. Cette famille Humbert-Daurignac, venue de Toulouse pour conquérir Paris, avait un passé bien étrange. Le père, marieur patenté, vaguement aventurier. Les enfants, unis dans une complicité absolue. Et le fils cadet partant (à la suite de quelle affaire louche?) pour l'Amérique du Sud. Est-ce qu'un honnête citoyen français va faire son apprentissage de la vie en Argentine, ce pays qui a la réputation de pratiquer la « traite des Blanches »?

Cependant, Salignac devenait méfiant; il observait Leplet, son costume à la dernière mode, son sourire insolent, son regard fouineur.

– Qu'est-ce que tu cherches? dit-il brutalement.

– A vous acheter un petit service, répondit innocemment Leplet.

– Je ne rends pas de service à n'importe qui à propos de n'importe quoi.

Leplet expliqua qu'il cherchait à obtenir pour son journal une interview exclusive d'un des frères Crawford. Il avait déjà le titre : « Un millionnaire américain vous parle. » A la une. Avec une grande photo.

– Qu'en dites-vous?

Salignac haussa les épaules. Il paraissait perplexe.

– Lequel des deux? demanda-t-il.

– L'un ou l'autre, peu importe.

– Ça me paraît difficile. D'abord, ils ne parlent qu'anglais.

– Je me débrouillerai, assura Leplet. Organisez la rencontre et je me charge du reste.

Mais Salignac n'était pas convaincu :

– Ces gens-là, c'est difficile à saisir. Ils vont, ils viennent. Et puis, ça risque de coûter cher.

– Rien n'est trop cher quand il s'agit d'informer le lecteur du *Matin.*

– Où peut-on vous joindre?

Leplet se dit qu'il avait gagné : l'autre était appâté. Il lui tendit sa carte et quelques billets :

– Permettez-moi de vous donner un acompte pour vos premiers frais.

Salignac protesta mais prit la carte et l'argent.

– Je ne vous ai rien promis, hein?

Leplet sourit, beau joueur :

– Le dicton dit : chose promise, chose due. Mais si tout ce qui était dû en ce monde devait être un jour remboursé, personne n'y résisterait et les Etats s'effondreraient.

– Monsieur, dit Salignac, je vois que vous connaissez la vie. Nous allons pouvoir nous entendre.

– Avant le mariage si possible?

– O.K., répondit l'autre.

Salignac pensa qu'il fallait ne pas perdre de temps. Dès le lendemain, il téléphona chez les Humbert et demanda à parler à Romain Daurignac. M. André lui répondit qu'il était absent pour la journée. Tous les membres de la famille, d'ailleurs, étaient absents. On pouvait les trouver, en cas d'urgence, à *La Rente viagère* que M. et Mme Humbert avaient fondée récemment. L'inauguration avait lieu aujourd'hui, en présence du ministre des Finances et des administrateurs.

La grande Thérèse n'avait pas perdu de temps. L'argent affluant à nouveau de toutes parts, elle avait fondé une société, *La Rente viagère de Paris,* au capital de dix millions. Ce capital était, bien entendu, fictif. Emile Daurignac, débarrassé des postiches et de la fausse barbe qui lui permettaient de jouer le rôle de Robert Crawford, en était le principal actionnaire. Et c'était à Thérèse qu'était confiée en dépôt la réserve légale de cinq pour cent!

Salignac ne pouvait se permettre de pénétrer dans la salle où se tenait le conseil d'administration et où le président, Emile Daurignac, prononçait son discours inaugural. Salignac en lirait, le lendemain, le compte rendu dans les journaux.

Il se rendit dans les bureaux de *La Rente viagère de Paris*, des bureaux ultra-modernes, et fut stupéfait de constater qu'ils étaient envahis par une clientèle de petits vieux de tous les milieux, qui se précipitaient vers les guichets dans l'espoir de toucher bientôt les intérêts fabuleux qu'une habile publicité leur faisait miroiter. Salignac resta songeur... Il ne pouvait imaginer que, en quelques mois, *La Rente viagère de Paris* allait drainer plusieurs millions de francs.

Pour l'heure, il lui fallait voir Romain sans sa famille. Il était sûr de le trouver dans la soirée à *La Fourmi,* un cabaret qui n'avait ni la classe ni la clientèle du *Moulin Rouge* mais où le fils Daurignac avait ses habitudes et sa protégée, une certaine Blondinette qui y chantait et dansait. Ce n'était pas une Yvette Guilbert ni même une figure aussi attachante que la Goulue, mais Romain avait toujours eu des goûts un peu vulgaires.

Salignac passa d'abord au *Moulin Rouge* afin de saluer quelques amis et en particulier le peintre Toulouse-Lautrec qu'il admirait mais qui, après onze heures, était trop ivre pour soutenir décemment une conversation. Puis il se rendit à *La Fourmi* en passant directement par l'entrée des artistes, et trouva Romain dans les coulisses, qui écoutait avec ravissement Blondinette chanter : *Elle en pince pour sa trombine, la tsarine, la tsarine...*

Salignac attendit la fin de la chanson et des applaudissements pour exposer à Romain son problème : il voulait présenter les Crawford à un journaliste du *Matin* qui l'avait payé pour ce « service » :

– Tu me dis simplement à quel hôtel ils descendent, et je fais surveiller l'endroit par des hommes à moi.

Romain parut à peine ennuyé, plutôt distrait :

– Tu as des « hommes à toi », maintenant?

– J'appartiens à la Ligue des patriotes, comme tout le monde. Bon. Quand les Crawford sont là, je préviens mon journaliste, et c'est à lui de s'arranger pour obtenir une interview.

– Mon cher, tu n'y penses pas, dit simplement Romain.

– Pour me rendre service, supplia l'autre.

– Il y a des limites à la complaisance.

Salignac devint amer :

– J'aurais dû m'en douter. Maintenant que ta sœur va toucher l'héritage...

Romain détestait ce genre de discussion. Depuis des années qu'il devait bonimenter, il éprouvait une sorte de lassitude qui venait de la tête. Surtout, il voulait jouir en paix de ses soirées.

– Tu m'ennuies, dit-il. Et j'ai l'impression que tu tournes mal.

– Parce que je demande un service à un ami? Il me semble que j'en ai rendu, des services, à la famille Humbert-Daurignac.

Romain s'impatienta :

– Il me semble que Salignac a été rétribué pour ses services par la famille Humbert-Daurignac, non?

– Tu me reproches le pain que je mange?

– Je te reproche d'accepter de l'argent d'un journaliste, ce qui est un comble pour un homme d'honneur. C'est le monde à l'envers. C'est nous qui devons sans cesse graisser la patte de ces plumitifs.

– Mais pourquoi je lui donnerais de l'argent, moi?

– Parce que ça se fait et que ces gens-là se vendent comme des prostituées. Mais être acheté par un type qui se vend, c'est vraiment la déchéance.

Salignac feignit de capituler :

– Bon, je lui dirai que tu ne veux pas et on en restera là.

– Ce n'est pas que je ne veux pas, dit imprudemment Romain. Je ne sais pas où ils vivent, ces Crawford. Je n'ai pas d'hommes à moi, moi! Dis-lui donc, à ton Leplet, de s'adresser à leur notaire, maître Parmentier; il transmettra.

– Merci toujours. En tout cas, j'ai mon idée : je vais surveiller l'hôtel Westminster, à tout hasard.

Romain flaira un mauvais coup et se mit en colère :

– Tu joues les flics, maintenant?

Salignac triompha à la manière d'un enfant, avec une joie et une exubérance maladroites.

– J'avais deviné, hein? C'est le Westminster! Alors, maintenant, sois gentil : dis-moi quand ils arrivent pour que je ne les attende pas trop longtemps. J'ai autre chose à faire, tu le sais bien.

Mais l'autre ne l'écoutait plus. Blondinette avait terminé son tour de chant et revenait dans les coulisses. Romain, qui avait recouvré sa bonne humeur, fit les présentations avec cette trivialité qu'il réservait à ses amis de jeunesse et aux dames de petite vertu qu'il aimait fréquenter et qui horrifiaient son beau-frère Frédéric.

Voyant que Salignac boudait et que les bouderies d'un créancier sont toujours dangereuses, il redevint charmeur et généreux :

– Louis, dit-il, si vraiment ça t'arrange, amène-nous ton nouvel ami, ce Leplet. Venez chez nous, aux Vives-Eaux. Je sais comment apprivoiser ces journalistes, tu verras. J'ai l'habitude de les manœuvrer. Il finira par me manger dans la main.

Le sombre visage de Salignac s'éclaira d'un vrai sourire :

– Je peux lui dire qu'il verra l'un des Crawford?

– Dis-lui ce que tu veux. De toute façon, il écrira n'importe quoi.

Malgré son euphorie apparente, Romain nota dans un coin de son esprit le nom de Leplet. Il allait falloir compter désormais avec ce nouveau « canard » qui avait l'air d'avoir les dents longues et un culot peu commun. Déjà, Romain échafaudait des plans et se promettait de lui réserver une surprise à sa façon. Car il faudrait bien, une fois encore, justifier l'absence de ces maudits Américains.

Il sourit aux filles qui sortaient de scène à demi dévêtues et se tourna vers Salignac :

– C'est quand même plus chouette qu'à l'Opéra, non ?

6

Dès le début du printemps, les Humbert-Daurignac allaient passer les week-ends dans leur château des Vives-Eaux, près de Melun. Les réceptions y étaient aussi somptueuses qu'à l'hôtel de l'avenue de la Grande-Armée; les invités, de marque.

C'était là que devaient avoir lieu les fiançailles de Marie Daurignac avec Robert Crawford Junior; du moins, c'était là qu'elles seraient annoncées. Quant à la présence des trois Américains, il allait falloir jongler de nouveau pour qu'elle eût toutes les apparences de la réalité. Mais cette fois, ni Emile et sa fausse barbe, ni Romain et son bagou ne pourraient en donner l'illusion.

Le soleil venait de déchirer les pâles nuages quand les premiers invités arrivèrent; il frappait de plein fouet la façade du château qui étalait, au-dessus des trois arcades du rez-de-chaussée, sur de longues consoles, des bustes d'empereurs romains. Le corps principal était resserré entre deux hauts pavillons que haussait, sous leurs grands toits d'ardoise, un ordre démesuré de piliers ioniques.

Appuyé contre l'un des lions de pierre qui veillaient sur les fossés comblés, au bas des marches, Romain se tourna vers le château et, regardant une des lucarnes en gueule de dragon ouverte au-dessus de la corniche, il dit à Salignac :

– C'est là qu'est la chambre de Robert Crawford.

– Quand le verrons-nous?

Romain eut un soupir :

– Ces hommes d'affaires... Ils étaient là tous les deux, le père et le fils, il y a une heure. Ils ont été rappelés à leurs bureaux de Londres par un télégramme.

Le visage de Salignac se couvrit d'une pâleur verte.

– Mais j'ai fait venir Leplet, moi! Il sera là dans un instant. Que vais-je lui dire?

– Ce que nous dirons à tous les autres, répondit Romain. Ces Peaux-Rouges sont insaisissables. Mais tiens, je vais te faire une fleur : nous allons installer Leplet dans la chambre de Robert Crawford aîné. Est-ce que je ne suis pas un frère pour toi?

Salignac eut un haussement d'épaules et se dirigea vers le grand escalier pour rejoindre Mme Gustave Humbert, Camille, Frédéric et Emile dans l'immense salle à manger où la table du déjeuner pour trente couverts était déjà prête. C'était une pièce aux boiseries délicates, aux tentures d'un rouge éclatant. Les rayons du soleil qui s'y engouffraient semblaient chanter une symphonie en jaune mineur au milieu de toutes ces étoffes chatoyantes. Un grand buffet bas occupait la moitié d'un panneau. Deux petits meubles dont les glaces laissaient voir d'admirables bibelots, une console jardinière surmontée de gerbes de fleurs et enfin la longue table Louis XVI avec ses chaises noir et or suffisaient à meubler la pièce.

Une aigrette dans ses cheveux gris, Mme Gustave Humbert, septuagénaire fort digne et très élégante dans son fourreau noir rehaussé de dentelle parme, parlait à son fils tout en cherchant la petite note de mauvais goût pour laquelle, disait-elle, Thérèse « n'avait pas l'œil ».

– Je ne comprends pas, Frédéric. Un repas de fiançailles sans fiancé, ça ne s'est jamais vu!

Frédéric ne se laissa pas démonter; il plaçait contre

les verres les cartons que lui tendait le majordome en livrée pourpre.

– Il ne s'agit que d'un dimanche comme les autres, mère! Nous allons annoncer les fiançailles qui auront lieu bientôt.

– Quand?

Frédéric resta impassible et ne répondit pas. Mais tout cela l'agaçait prodigieusement. Sa mère était beaucoup moins souple que ne l'avait été son père. Elle appartenait à la vieille école et restait très vigilante quant aux bons principes. Il imaginait avec terreur ce que pourrait être la réaction de cette vieille femme guindée si elle devinait un jour la vérité. Elle n'avait jamais accepté Thérèse, elle ne lui avait jamais pardonné d'avoir dupé son fils. Car enfin, le père Daurignac, le bel Auguste, avait promis une dot, dont Frédéric n'avait jamais vu la couleur. En quelque sorte, ç'avait été la première escroquerie de Thérèse.

– Quand? répéta la vieille dame.

– Dans quelque temps.

– Ainsi, la date n'est même pas fixée! Mais on n'annonce rien sans date fixe, voyons! Et cet Américain, pourquoi ne m'a-t-il pas été présenté? Suis-je de la famille, oui ou non?

Emile qui, lui non plus, n'avait jamais été accepté par Mme Gustave Humbert, intervint timidement :

– Mais, belle-maman...

– Ne m'agacez pas avec votre « belle-maman »! coupa-t-elle.

Elle avait mis son pince-nez pour examiner la table. Quand elle aperçut, dans un vase étroit de cristal, des drapeaux français et américains côte à côte, elle eut une petite grimace et se tourna vers sa fille pour la prendre à témoin de ce mauvais goût. Mais Camille faisait la leçon à son mari :

– Mère a raison, Emile. Thérèse ne nous dit jamais rien.

– Camille, je t'en prie! fit Emile qui n'osait protester que lorsqu'on attaquait sa sœur.

Mme Gustave Humbert leva vers son gendre un regard errant, qui se posa à peine, puis revint à son fils :

– C'est comme cette histoire de *Rente viagère*. Tu ne m'en avais jamais parlé! J'ai l'air de quoi, moi?

– Je te dis tout, maman, protesta Frédéric. Mais il se trouve qu'il n'y a rien à dire. Nous avons créé une petite société de crédit, voilà tout.

– Dont je suis le président, précisa Emile.

Ce qui agaça sa femme :

– Oh toi, tu ne sais jamais rien, de toute façon!

Et pour cause. Il n'avait pas voulu entraîner Camille dans ce qu'il appelait d'une litote leurs « combines ». Moins elle en saurait, moins ils prendraient de risques. Si bien que ce doux rêveur qu'était Emile vivait continuellement dans des demi-mensonges qu'il finissait par assimiler à des vérités pures et simples. La fiction qu'entretenait Thérèse dans leur clan avait, pour Emile, pris le pas sur le réel.

Craignant quelque maladresse de son beau-frère, Frédéric entraîna sa mère vers le petit salon, une bonbonnière aux draperies bouton-d'or.

– Du vivant de ton père..., gémissait Mme Gustave Humbert.

– Certes, s'impatienta son fils. Mais il est mort.

– C'est horrible ce que tu dis là! protesta la vieille dame. Horrible! (Elle revint sur ses pas, demanda à sa fille d'aller chercher son manteau, et à son gendre, sa voiture.) Je rentre! décida-t-elle.

Frédéric était ennuyé. Il avait craint le pire à cause des Crawford, mais c'était sa propre mère qui créait le scandale.

– Qu'est-ce que j'ai dit? Je t'en prie, mère, reste avec nous!

– Non! Je vais rentrer. Tu es trop méchant.

Il réussit à l'entraîner vers le parc, vers les rosiers.

– Il faut que tu restes, mère. L'évêque de Meaux s'est déplacé spécialement...

Elle l'aperçut, cet évêque, qui se dirigeait vers le perron où, sous le dais de pourpre et d'or, était posé un fauteuil pour accueillir sa masse violette. Puis la vieille dame vit le préfet de police, M. Lépine, petite silhouette noire et grise, sautillante et gaie comme un farfadet, et elle décida de rester.

Dans une robe prune et chapeau assorti de chez Doucet, Thérèse s'agitait, allant de l'appareil photographique, qu'avait installé sur la pelouse M. André, aux marches du perron où elle rassemblait « son monde ».

– Vite, vite, mes cocos, dit-elle. Nous vous attendions pour la photo de famille.

Mme Gustave Humbert ne put s'empêcher de relever ce « cocos » si ordinaire, mais Frédéric n'y prit pas garde. L'inquiétait autrement la pâleur de Marie qui avait déjà l'air de se faner dans sa robe blanche. Le regard de la jeune fille ne pouvait quitter la haute silhouette de Paul Deschanel, qui multipliait les grâces et les sourires au seul profit d'Eve, étonnée et godiche. Philippe de Véricœur, lui, en faisait trop : œillades, chuchotement dans l'oreille d'Eve, éclats de rire stridents... Il avait l'air d'un jeune coq.

Plus d'une vingtaine de personnes s'étaient rassemblées sous le dais, entourant l'évêque enfin installé dans son fauteuil. Dépassé par toute cette agitation, le photographe n'arrivait pas à cadrer son groupe. Thérèse dut de nouveau intervenir :

– Monseigneur, lâchez donc le bras de M. Jacquinot et prenez celui de Mme Gustave Humbert. Vous vous connaissez, je pense... (Puis elle se tourna vers Deschanel et Véricœur :) Installez-vous sur les marches, de chaque côté de mon Eve.

– Maman, je vais salir ma robe, protesta l'adolescente.

Deschanel fut plus prompt que son rival : il ôta sa jaquette et la mit sur les marches, à la disposition d'Eve qui n'osait pas s'asseoir dessus. Mais Thérèse était enchantée :

– Bravo, monsieur le député. Voilà qui est français!

Quelques marches plus haut, Marie avait pâli. Ainsi, Deschanel lui échappait; il se consolait vite celui qui, il y avait si peu de temps, lui avait offert son cœur, sa vie. Elle n'y comprenait rien. D'un côté, la comédie avec la famille; de l'autre, un marivaudage qui l'avait ravie pendant quelques mois et qui, aujourd'hui, la déchirait. Ce Deschanel était un mufle. Tous les hommes étaient des mufles, y compris ce petit Jacquinot noiraud et bêtement jovial dont sa sœur faisait grand cas parce que, disait-elle, il avait de l'avenir.

– Jacquinot, mon ami, proposait suavement Thérèse, si vous voulez bien, en l'absence du fiancé, prêter votre bras à Marie...

Et voilà! On lui collait d'office ce garçon si peu séduisant. L'eût-il été, d'ailleurs, que désormais Marie se fût méfiée.

– Toujours prêt! dit Jacquinot en s'avançant vers la jeune fille. Et pour la vie, si on le désire.

Le vieil évêque de Meaux, aux gros yeux clairs et à la bouche gourmande, sembla soudain sortir de sa torpeur :

– Et pourquoi le fiancé n'est-il pas avec nous?

– Vous savez ce que c'est, répondit Thérèse. Les affaires...

– Si jeune et déjà pris par les affaires! s'étonna l'évêque.

– Monseigneur, les Américains ne vivent pas comme nous, observa Thérèse. Le jeune Crawford m'a affirmé que là-bas, toute maison de moins de quinze étages a l'air ridicule.

– Ils appellent ça des gratte-ciel, précisa Frédéric.

– S'ils espèrent ainsi chatouiller le Bon Dieu, ils se trompent, dit l'évêque.

Tout le monde se mit à rire, servilement. Tout le

monde, sauf Marie qui regardait la nuque de Deschanel et ses cheveux déjà clairsemés. « Il n'est même pas beau, se dit-elle. Ce qui ne m'empêche pas de l'aimer. Mon Dieu, je suis lasse de cette bouffonnerie; de ce fiancé qui n'existe pas; de ce Deschanel qui existe trop... »

Thérèse expliquait à l'évêque que les Crawford, père et fils, avaient été rappelés par un télégramme, une heure après leur arrivée.

– Jugez de leur déception, conclut-elle.

– Et de celle de Marie, ajouta Frédéric.

Pâle, furieuse, Marie vit tous les regards se tourner vers elle et ne parvint pas à sourire : sa peau semblait raidie autour de sa bouche, comme par un grand froid.

– Et comment sont-ils? demanda une invitée vêtue de soie verte et d'une aigrette qui avait l'air d'un plumeau.

Marie ne répondit pas et Thérèse vint au secours de sa sœur :

– Fort bien, dit-elle. Le jeune homme a l'air sain.

– Comme tous les Américains, constata la femme à l'aigrette. La syphilis n'a pas encore découvert l'Amérique!

« Elle a trop lu Zola », se dit Frédéric qui, lui-même, venait de finir la série des *Rougon-Macquart*. Il fit un clin d'œil à sa femme pour qu'elle fasse elle-même diversion.

Thérèse se tourna vers Lépine :

– Monsieur le préfet de police, auriez-vous l'obligeance de faire régner un peu d'ordre afin qu'on puisse immortaliser cette modeste réunion? Le jour baisse. Frédéric, aide donc M. le Préfet.

Jacquinot lâcha le bras de Marie pour se mettre au service de Lépine. Mais ce dernier siffla entre ses doigts et chacun regagna sa place. Tout le monde riait, mais Marie restait figée et blême. Cette agitation lui donnait la nausée.

L'évêque de Meaux prit la main de Thérèse qui s'était placée à sa gauche :

– On s'amuse tant chez vous, lui dit-il. On y est à l'aise. C'est un don de Dieu, mon enfant, ne vous y trompez pas!

Le photographe était enfin prêt à opérer. Frédéric conseilla à sa femme de se placer plutôt entre le préfet et l'évêque.

– Séparons le goupillon du bâton blanc, approuva Thérèse.

– Réconcilions plutôt, dit l'évêque. Unissons l'Eglise de France et la police républicaine.

Le préfet eut un sourire complice. Lui aussi s'amusait. Chez les Humbert-Daurignac, ce n'était ni la classe ni le bon goût. Mais ce charmant laisser-aller était plus agréable que la rigueur des grands bourgeois et des aristocrates chez lesquels il était parfois invité.

M. André sortit de son voile noir et fit signe qu'il était prêt.

– Silence dans les rangs! dit Thérèse. Attention! On sourit. Le petit oiseau va sortir!

Philippe de Véricœur guettait Paul Deschanel qui semblait être le préféré d'Eve, dans la mesure où cette gamine comprenait le jeu de ses deux prétendants. Il essaya de capter son attention, mais Eve et Deschanel chuchotaient en s'esclaffant. Alors Véricœur sortit son revolver et tira en l'air au moment même où le photographe appuyait sur la poire.

Il y eut des cris, que couvrit le hurlement de Véricœur :

– Je l'ai eu! J'ai tué le petit oiseau!

Thérèse était furieuse mais elle se maîtrisa. L'évêque avait blêmi :

– J'ai eu peur, avoua-t-il. Avec ces attentats anarchistes...

– Je ne supporte pas les coups de feu, dit Lépine avec un regard mauvais pour Philippe de Véricœur qui se penchait vers Eve en murmurant :

– C'est dans ma tête que je tirerai bientôt, cruelle.

Eve, qui refusait de comprendre, répliqua :

– Pourquoi me dites-vous ça?

– Parce que vous me dédaignez.

Mais l'adolescente alla rejoindre Thérèse comme une petite fille effrayée qui se réfugie dans le giron maternel.

L'air était tiède, le soleil se couchait. C'était l'heure propice pour une promenade dans le parc où les jets d'eau amenaient un peu de fraîcheur. Les robes aux couleurs douces se fondaient dans ce vert tendre. C'était une journée délicieuse, qui vous laissait alangui. On reprenait des forces avant le bal.

Véricœur rattrapa Deschanel près du bassin. Il n'était pas mécontent de son coup d'éclat :

– Et toc! fit-il. Bille en tête. Le point est pour moi, mon cher... Savez-vous à combien la grande Thérèse m'a pris mon argent et celui de mes clients? Trente-cinq pour cent. C'est comme si j'étais déjà de la famille, non?

– Oseriez-vous dire que vous pourriez avoir un oncle américain, vous qui êtes si fier de votre propre nom et de votre famille?

– Mon cher, il n'y aurait pas mésalliance. Il n'y a jamais mésalliance quand on compte par millions.

Ils restèrent encore quelques instants à bavarder dans la fraîcheur de ce jour finissant, puis ils montèrent se changer pour la soirée. Deschanel était prêt à déployer le grand jeu pour séduire Eve. Tant pis pour la pauvre Marie qui avait semblé « mordre à l'hameçon »; elle se consolerait avec son Anglo-Américain.

Il se passa une brosse dans les cheveux; autant en profiter pendant qu'il en restait. Il aurait bientôt une calvitie précoce, et séduire les femmes deviendrait beaucoup plus difficile. Il est vrai que, d'ici là, il serait peut-être ministre.

Un dernier regard vers le miroir de sa chambre : son œil bleu saillait un peu, mais l'ensemble était fringant. « Alors fonçons », se dit-il. En descendant l'escalier, il entendit les premières mesures du pianola qui jouait sa danse préférée : une mazurka.

Le bal commençait. Les domestiques avaient rangé les fauteuils le long des murs. Un flot de lumière tombait du cristal des lustres. Les tentures rouges brunissaient de leurs reflets l'or des meubles et du plafond. On riait moins fort que dans le parc, des groupes se formaient, Thérèse et Frédéric accueillaient de nouveaux invités. Et des couples s'élançaient sur la piste...

Deschanel vit avec dépit Véricœur et Eve parmi ces couples, et à travers le tourbillon de robes aux couleurs chatoyantes, il aperçut également Marie. La jeune fille se tenait au bord de la piste, écoutant d'un air morne ce que lui disait le petit Jacquinot :

– Je vous trouve songeuse. La déception sans doute. Votre Robert Junior...

– Non, dit Marie, les larmes aux yeux. Ou plutôt si...

– Mademoiselle, excusez ma franchise, je suis rond en affaires, je suis rond en tout, je suis rond de partout... (« Et bientôt obèse, se dit Marie en reniflant. Et je me moque de cet imbécile... ») Malgré ma jeunesse toute relative, je suis pair de France, poursuivait l'autre. Bien sûr, je n'ai rien d'un Brummell, mais sachez que je suis honnête homme. Voilà, je tenais à vous le dire. Voulez-vous danser?

« Mourir. Je veux mourir », pensait Marie. Puis elle eut un regard pour le sourire coincé du petit Jacquinot et se dit que, du moins, cet homme-là n'était pas un porc malgré son gros visage noiraud. Et il existait, lui, ce n'était pas un fantôme; ce n'était pas un Robert Junior. Alors, elle se laissa entraîner vers la piste...

Ni Romain, ni Salignac, ni Leplet n'avaient participé à la photographie de groupe. Et le bal ne les intéressait pas. Ils avaient mieux à faire. Salignac et Leplet avaient suivi Romain qui leur avait fait visiter le cellier. Une fortune en vins précieux. Des milliers de bouteilles millésimées. C'était son domaine. Quand il était las des mondanités, il se réfugiait là et réfléchissait avec l'aide d'un grand cru.

Il fit asseoir ses invités autour d'une petite table et choisit une bouteille. Il avait l'impression d'entendre penser Leplet, qui n'était là que pour les Crawford.

– C'est vraiment pas de chance, dit Romain. Ils ont dû rentrer à Londres, toute affaire cessante.

– Pour affaires, vraiment? s'étonna Leplet.

– Exactement. Pour affaires. Ce vin vous plaît?

Leplet regarda d'abord la couleur qui rosissait sous le cristal du verre. Puis il but une gorgée et hocha la tête en guise d'approbation.

– Quel genre d'affaires? demanda-t-il.

– Urgentes. les Américains ne sont pas comme nous. Ils vivent à trente à l'heure.

– C'est tout de même dommage, regretta Leplet.

Salignac, qui jusque-là n'avait rien dit et qui avait l'air de tremper son long nez dans son verre, intervint :

– Ce sera pour une autre fois. Maintenant que vous connaissez la maison...

Romain lui jeta un regard noir. Ce Salignac se croyait-il chez lui? Il avait tous les culots!

– Entre nous, observa-t-il, ils n'ont pas grand-chose à dire. Ils ont de l'argent, ils sont américains, ils voyagent beaucoup, mais question éducation : zéro. Des veaux.

Leplet observait ce Daurignac avec une curieuse sensation de malaise. Il y avait quelque chose qui sonnait faux derrière cette bonhomie souriante et cette autosatisfaction de parvenu.

– Et Madame votre sœur, l'une des femmes les plus riches de France, accepte de voir la jeune Marie épouser un jeune veau sans éducation?

Romain retint une grimace : il avait fait une gaffe. On fait toujours des gaffes quand on parle trop; surtout quand on boit trop.

– Connaissez-vous cette pièce d'Octave Mirbeau : *Les affaires sont les affaires*? demanda-t-il. Eh bien, c'est cela.

– Puis-je vous citer dans mon article?

– Citez ou inventez ce que vous voulez. Si ça ne me plaît pas, je démentirai.

Salignac leva son verre :

– Aux affaires! dit-il. Qu'elles soient prospères!

Leplet réfléchissait vite et buvait peu. Si ce défunt Robert-Henry Crawford avait légué sa fortune à Thérèse Humbert, c'est qu'il y avait entre eux un lien très fort... Tout avait dû commencer une quarantaine d'années plus tôt, quand Thérèse et Romain...

– Salignac, dit-il soudain, puisque vous connaissez M. Daurignac depuis l'enfance, vous connaissiez également le père de M. Daurignac?

– Et comment! fit l'autre. Je le connaissais fort bien.

Leplet s'amusa de la naïveté de ce Salignac qui se laissait manœuvrer comme un gamin.

– Peut-être avez-vous eu la chance de rencontrer également le vieux Robert-Henry Crawford?

– Moi? s'étonna Salignac. Non.

Romain, lui, avait compris, et il n'aimait pas cela. Un jour ou l'autre, cette énorme « construction imaginaire », sans cesse alimentée par Thérèse, finirait par s'effondrer et le coup viendrait d'un petit malin comme ce Leplet, ce journaliste « à la pointe du progrès », à l'avant-scène, toujours le premier sur les lieux du crime.

Il affronta son ennemi et son visage épais se durcit :

– Vous êtes obsédé, vous! dit-il de sa grosse voix un peu éraillée. Vous n'avez que les Crawford en tête. Moi non plus, je ne l'ai jamais vu, le vieux Crawford. C'était le secret de la famille. La faute qu'on cachait, si vous préférez. Mais si vous écrivez ça dans votre journal, non seulement je vous démentirai, mais en outre je vous tuerai. Il y a des choses qu'un homme d'honneur peut confier dans une cave au cours d'une dégustation de vins, mais qu'il ne souffre pas de voir imprimées.

Leplet comprit la leçon et se tint aussitôt sur ses gardes.

– Buvons donc aux hommes d'honneur, proposa-t-il.

Ce dialogue au second degré était passé au-dessus de la tête de Salignac qui, lui aussi, porta un toast aux hommes d'honneur. Romain pensa qu'il était temps de changer de sujet :

– Vous devriez interviewer mon frère Emile, dit-il au journaliste. Il est le président de la nouvelle société que nous venons de créer : *La Rente viagère de Paris*...

– C'est un capitaliste étranger que je voulais présenter à mes lecteurs, objecta Leplet.

Mais Romain refusa de se laisser entraîner une fois encore sur ce terrain glissant. Il tira un journal de sa poche et le tendit à Leplet :

– Lisez donc ce qu'écrit *La Croix* sur cette société. C'est torché!

– Je n'en doute pas. Mais ce n'est pas ma spécialité.

– Votre confrère est plus éclectique. Il est vrai qu'il a été payé en conséquence.

Leplet riposta très vite :

– Moi, c'est mon journal qui me paie.

– On m'a même dit que vous n'hésitiez pas à payer vous-même vos informateurs, avança Romain avec un sourire qui ne dissimulait pas tout à fait une sourde menace.

– Dans certains cas, oui, reconnut Leplet.

Se sentant un peu trop concerné, Salignac se leva pour faire diversion :

– J'entends les violons du bal, dit-il. Nous devrions aller danser. Qu'en dites-vous?

– Nous te suivons, dit Romain.

Dans les salons, les polkas, les valses, les mazurkas se succédaient à un rythme fou. Le balancement des couples emplissait la longue galerie, allant plus vite sous le fouet des cuivres, s'alanguissant au bercement des violons. Parfois, entre deux danses, une femme s'approchait d'une fenêtre pour respirer un peu d'air frais; un couple se reposait sur une causeuse du petit salon. On descendait dans le parc et on faisait lentement le tour du bassin...

Mais Thérèse restait fidèle au poste, à l'entrée du grand salon, pour recevoir les nouveaux invités.

On annonça maître Dumort et sa femme. Thérèse plaqua sur son visage un sourire charmeur :

– Ravie de vous rencontrer enfin, dit-elle à une petite brune qui avait atteint sans grands dommages la quarantaine.

– Mon mari m'a tant parlé de vous! dit l'autre. Je serais jalouse, d'ailleurs, si j'étais encore en âge de l'être.

– Vous voulez dire sans doute : si moi, j'étais en âge de rendre jalouse. Vous voilà rassurée.

La bonne Mme Dumort se sentit confuse : elle n'avait jamais voulu dire cela. Ces Parisiennes avaient l'esprit trop prompt pour elle.

– Je vous trouve tout à fait charmante, lança-t-elle en se troublant.

Thérèse, que les rougeurs de Mme Dumort amusaient, se tourna vers le notaire :

– Votre femme est un trésor. Gardez-la bien car seule compte la richesse du cœur.

« Dans ce cas, je suis ruinée », se dit-elle *in petto*, et elle eut envie d'éclater de rire.

– Comme c'est juste, approuva Dumort. Permettez-moi alors de vous présenter une requête : il s'agit de mon confrère Parmentier. Maintenant que tout s'arrange avec les Crawford, pourquoi ne pas le convier de temps en temps?

« Seigneur! pensa Thérèse. Gardez-moi des gens

trop généreux. Ils sont prêts à vous faire dévorer par des canailles beaucoup trop lucides, beaucoup trop avisées. Je ne veux pas de ce Parmentier chez moi. J'ai trop peur qu'il me pose des questions embarrassantes. »

– Cher ami, dit-elle, maître Parmentier a commis à mes yeux une faute irréparable.

– Irréparable? s'étonna Dumort.

Et Thérèse le laissa pendant quelques instants imaginer le pire : une faute professionnelle grave, une escroquerie. Puis elle ajouta en baissant la voix :

– Il est venu chez moi avec une femme qui n'était pas sa femme. Je sais, il est excusable, je connais la vie et je connais son épouse. Mais j'ai des enfants, comprenez-vous?

– Parfaitement, approuva Dumort. Il n'y a plus rien à dire.

M. André vint alors annoncer que le dîner était servi.

En entrant dans la salle à manger, les convives sourirent aux dames qu'ils avaient à leur bras. Des fleurs mettaient une fraîcheur dans l'air tiède. Des fumets légers traînaient, mêlés au parfum des roses. Sous la lumière électrique tombant du lustre, la table, entourée de chaises à dossier noir et or, était comme un autel. Sur la blancheur fragile de la nappe, brûlaient les flammes claires des cristaux et de l'argenterie. Aux deux bouts de la table, des vases contenaient des gerbes de fleurs, et une torchère à plusieurs branches ajoutait l'éclat de ses bougies au rayonnement du lustre central. Le long des assiettes, les verres, les carafes d'eau et les salières offraient leur transparence bleutée, et les fourchettes, les cuillères, les couteaux étincelaient de mille feux.

Puis, quand tout le monde eut trouvé son nom écrit sur le carton, il y eut un bruit de chaises, un grand frémissement de jupes de soie. Les robes aux couleurs vives, flanquées d'habits noirs qui en faisaient ressortir l'éclat, tressèrent une sorte de couronne chatoyante autour de la table. Thérèse, qui avait à sa droite l'évêque de Meaux, et à sa gauche le préfet de police, aperçut soudain deux chaises vides devant les couverts : celles de Salignac et de Leplet. Elle se tourna vers Romain et d'un simple regard lui fit comprendre qu'il était temps de ramener ces deux convives.

Romain se leva discrètement pendant que les laquais s'agitaient autour de la table, et monta au deuxième étage, frappa à la porte de la chambre que Leplet occupait, cette fameuse chambre qui avait été prétendument celle de Robert Crawford.

Leplet lui dit d'entrer; il se tenait près du lit en compagnie de Salignac. Romain s'excusa : il voulait non seulement leur dire que le dîner était servi, mais se laver les mains. Il passa donc dans le cabinet de toilette et constata avec satisfaction que le télégramme qu'il y avait posé ostensiblement, près du lavabo, quelques heures plus tôt, avait disparu. Leplet l'avait sans doute fourré dans son portefeuille ou dans sa valise.

Romain se rappelait parfaitement le texte, rédigé en anglais par Frédéric et adressé à Robert Crawford Senior et Robert Crawford Junior, chez M. Humbert, aux Vives-Eaux, commune de Boissise-la-Bertrand, Seine-et-Marne : « Rentrez à Londres immédiatement. Très important. Avec toutes mes excuses. Henry Crawford. »

Quand il revint dans la chambre, Romain sourit à Leplet :

– Alors, c'est agréable d'occuper la chambre d'un millionnaire américain? Beau sujet d'article, non? Bon. Thérèse vous attend. Je ne lui ai pas dit que vous étiez journaliste. Je vous présenterai comme si vous étiez dans les affaires. Ce sera à peine un mensonge puisque vous êtes, en fait, sur une affaire. Venez.

– J'ai faim, constata Salignac. J'espère qu'il restera quelques tranches de gigot.

– Bien mieux que cela, dit Romain. La table des Humbert-Daurignac est riche et délicieuse.

Leur entrée fut à peine remarquée, mais Romain lança un clin d'œil à Thérèse pour lui faire comprendre que tout avait marché comme il l'espérait. A l'un des bouts de la longue table, celui du côté des jeunes, les rires étaient plus francs. On entendait la voix enfantine d'Eve dire :

– Mais non, je ne vais jamais à l'Opéra.

Et celle de Deschanel, forte et grave :

– Mon discours à la Chambre...

Les convives étaient trop nombreux pour que la conversation pût devenir générale. Mais lorsque les rôtis eurent succédé aux entrées et que les grands vins de Bourgogne, le pommard, le chambertin eurent pris la place du château-lafite, les voix se firent plus fortes, les rires plus aigus.

Quand on fut au dessert, les laquais allèrent d'un pas plus vif autour de la table, et les visages qui s'étaient colorés devinrent comme amollis par une béatitude intérieure. En retrait et dominant de sa haute taille la table en désordre et les convives repus, M. André se tenait debout avec l'attitude dédaigneuse d'un laquais qui a comblé ses maîtres. Lui seul, sous les lumières crues du lustre, restait guindé, avec ses yeux froids, son air supérieur et digne, face à des Parisiens de la décadence.

Romain apostropha sa sœur aînée :

– Thérèse, un discours! Un discours!

Tous reprirent en chœur :

– Un discours! Un discours!

Alors Thérèse se leva dans sa robe prune qui amincissait sa taille. Elle sourit, elle était heureuse, sans arrière-pensée.

– Si nous sommes réunis ce soir, commença-t-elle, c'est parce qu'il ne s'agit pas d'un dimanche tout à fait comme les autres. Bien sûr, il fait beau et nous sommes bien ensemble. Mais c'est surtout pour vous présenter le futur fiancé et, par conséquent, le futur mari de ma sœur bien-aimée Marie Daurignac, que

nous sommes là. Lève-toi, ma belle, que tout le monde te voie.

Marie sursauta, comme sortant d'un rêve. Elle se leva lentement dans sa robe blanche à volants de dentelle. Puis elle tenta de parler mais sa gorge était nouée. Elle eut un regard vers Deschanel, assis à la droite de la jeune Eve, et comprit qu'elle ne pourrait contenir ses larmes. Elle posa ses mains sur son visage crispé et laissa éclater de lourds sanglots.

La stupeur avait figé les convives. Thérèse se leva pour aller vers Marie, mais celle-ci bouscula sa chaise et s'enfuit en courant, montant jusqu'à sa chambre, suivie de sa sœur aînée qui prit tout de même le temps de dire à ses invités :

– Restez assis, la fête continue. Pardonnez-lui : l'émotion, la jeunesse, l'amour...

Elle n'était qu'à moitié ennuyée. Cette réaction imprévisible de Marie était la note piquante qui donnait à la soirée un ton très naturel. C'était en quelque sorte l'ébauche du renoncement au mariage; une façon incontestable d'annoncer qu'entre les Crawford et les Humbert-Daurignac, il y avait incompatibilité d'humeur. Chacun reprenait ses billes : on ne jouait plus. Et tant pis pour tous les frais engagés; tant pis pour les promesses...

Thérèse entra dans la chambre où Marie s'était réfugiée derrière un paravent.

– Marie, ma chérie, que t'arrive-t-il?

– Je ne veux pas me marier, sanglota la jeune fille, je ne veux pas! Avec personne! Personne!

Thérèse se pencha sur sa sœur, soudain attendrie :

– Mais, ma colombe, qui parle de te marier? Tu sais bien que c'est un...

– Je ne veux pas! coupa Marie. Je veux retourner à Toulouse. Je ne veux plus voir tous ces gens.

Thérèse comprit alors que Paul Deschanel était la cause de ce gros chagrin. Sans lui, Marie eût peut-être continué à jouer une comédie qui ne l'avait jamais amusée mais à laquelle elle se pliait avec une morne bonne volonté.

Elle prit sa sœur par les épaules et voulut l'entraîner vers le lit :

– Viens t'allonger. Repose-toi. (Mais Marie résista tout en continuant de pleurer. Agacée, Thérèse changea de ton :) Ça suffit maintenant! Arrête de gémir!

Marie se mit alors à crier des phrases incompréhensibles. Les mots refoulés tournaient dans son esprit comme des oiseaux blessés. Pour la faire taire, Thérèse la gifla violemment, à deux reprises.

Les sanglots s'arrêtèrent d'un coup et Marie se jeta sur le lit, la tête enfouie dans l'oreiller. Pendant quelques instants, Thérèse regarda sa sœur avec une vague tendresse, pensant à la vie trop compliquée qu'elle lui avait offerte et qui n'était pas faite pour le cœur simple qu'était Marie. A Toulouse, en effet, la jeune fille eût été plus heureuse dans son milieu d'origine. Elle se fût mariée à un brave garçon...

– Je t'en prie, ma chérie, dit-elle. Tu vas me faire pleurer.

– Pardon, bégaya Marie, mais c'est plus fort que moi... Je suis si malheureuse!

Elle n'eut pas le temps d'expliquer pourquoi : Frédéric venait d'entrer, suivi d'Emile.

– Que se passe-t-il? fit Thérèse qui s'était aussitôt reprise. C'est la débâcle. C'est Sedan... Pourquoi avez-vous laissé seuls les invités?

– Les fleurs et la potiche viennent d'arriver, répondit Frédéric.

Ainsi le jeu continuait malgré tout : ces fleurs, cette potiche, qui étaient accompagnées d'une carte signée Robert Crawford Junior, avaient été achetées et expédiées par Frédéric lui-même, sur les conseils de Thérèse.

Cependant, face à sa jeune sœur qui reniflait encore, Emile avait sorti son mouchoir.

– Ah! non! fit Thérèse. Pas toi, en plus!

– On n'a plus le droit de se moucher sans ton autorisation, à présent? protesta Emile.

Mais Thérèse ne l'écoutait pas. Passant du cabinet de toilette à la chambre, elle ramena une serviette humide et nettoya le visage de sa sœur.

– Calme-toi, ma chérie, tout va s'arranger. Tu vas rompre avec ton fiancé... De toute façon, c'était prévu. Alors, un peu plus tôt, un peu plus tard...

Tandis qu'elle descendait rejoindre ses invités, elle mettait en place les propos qu'elle leur tiendrait. Ce serait émouvant à souhait : la répugnance de Marie, son honneur à elle, la sœur aînée, son sacrifice surtout. Car cela impliquait de nouveaux conflits avec les Crawford. Oui, c'était parfait. Ce caprice de Marie allait tourner au triomphe de Thérèse Humbert.

Elle se jeta littéralement dans la salle à manger où tous les regards se tournèrent vers cette pauvre femme bouleversée qui parlait avec une émotion déchirante :

– Tout est rompu! Elle ne veut pas épouser un étranger!

Il y eut un silence presque solennel. Puis soudain, les applaudissements éclatèrent, comme au théâtre :

– Bravo! Bravo!

Thérèse retrouvait son domaine, comme une actrice qui brûle les planches. Elle regretta que le général Boulanger fût mort : il eût apprécié la situation.

– Vive la France! criait Philippe de Véricœur. Mort aux Peaux-Rouges!

Thérèse était ravie : la défection de Marie tournait au triomphe, comme elle l'avait prévu.

– Je n'ai pas voulu la contraindre, s'excusa-t-elle. Je souhaite avant tout que ma sœur soit heureuse.

C'était trop. Les convives se levèrent pour l'acclamer.

– Permettez-moi de vous féliciter et de vous bénir, dit l'évêque de Meaux. Vous êtes une vraie chrétienne.

– Haut les cœurs! fit Véricœur.

Et le petit Jacquinot, qui ne perdait jamais la tête, commenta :

– Ce ne sont pas les prétendants qui lui manqueront !

Chacun paraissait ravi, soulagé, joyeux tout à la fois. Paul Deschanel, qui lui non plus ne perdait jamais le fil de ses obsessions, planta Eve sans scrupule pour tenter de se rapprocher de Thérèse. Mais celle-ci était entourée de tous les convives : une trentaine de personnes.

Seule, dans un coin du grand salon et enfoncée dans une bergère, Mme Gustave Humbert restait accessible et savourait son triomphe : ce mariage avec un étranger lui avait toujours déplu.

Dumort la salua avant de se frayer un passage jusqu'à Thérèse qui, l'apercevant enfin, lui tendit ses deux mains et parvint à s'arracher à ses admirateurs.

Ils allèrent s'isoler dans le petit salon. Elle paraissait encore bouleversée et sa voix tremblait :

– Mon ami, je suis perdue, dit-elle avec de vraies larmes dans les yeux.

Dumort la rassura avec chaleur :

– Allons, allons, nous sommes là ! Ont-ils, oui ou non, accepté de toucher chacun trois millions ? (Thérèse acquiesça en pensant que les trois millions que Dumort lui avait donnés pour Robert Crawford seraient bientôt engloutis. Dieu merci, il y avait maintenant *La Rente viagère de Paris*... Mais Dumort poursuivait :) Y a-t-il eu échange de lettres entre vous et eux, et par conséquent reconnaissance par eux de vos droits exclusifs sur l'héritage ? (Thérèse fit oui de la tête, cette tête qui souffrait un peu de la chaleur soudaine. « J'ai trop bu, pensa-t-elle, et le caprice de Marie a achevé de me griser. ») Alors, nous les tenons ! dit Dumort triomphant. Que votre jeune sœur soit heureuse, je me charge de tout. Demain, je remets le dossier à maître du Buit, qui est le meilleur avocat d'affaires que nous ayons en France. Maître du Buit portera aux Crawford le coup fatal.

Thérèse remercia comme une enfant intimidée à qui l'on promet le plus merveilleux des cadeaux. Au bras de Dumort, elle revint dans la salle à manger où, sur une desserte, attendaient une superbe gerbe de fleurs et une potiche. « Pas mal, se dit-elle. Décidément, Frédéric a du goût. »

– Qu'est-ce que c'est? s'étonna-t-elle.

Romain lui tendit la potiche :

– C'est un cadeau de la part de Robert Crawford Junior.

Dans le silence qui suivit, Thérèse prit le temps d'examiner la potiche et de lire la carte qui l'accompagnait, sous les regards des convives. Puis, dans un grand geste théâtral, elle jeta la potiche sur le sol où elle se brisa.

– Apprenez, jeune homme, dit-elle d'une voix forte, qu'en France on ne conquiert pas le cœur des femmes par potiche interposée!

De nouveau, les applaudissements éclatèrent et l'évêque de Meaux ne put réprimer son émotion. Seul Leplet restait impassible. Il nota la phrase de Thérèse dans son calepin et s'empara de la carte de visite, qui alla rejoindre dans son portefeuille le télégramme envoyé de Londres aux Crawford.

La fête était finie. Les vrais problèmes s'imposaient, auxquels il faudrait très vite donner une solution. Mais Thérèse tenait à s'accorder quelques instants de répit.

Assise dans une bergère, dans le grand salon, face à sa belle-mère qui n'avait pas bougé depuis la fin du dîner, elle réfléchissait. Elle avait desserré sa guêpière qui lui faisait la taille si mince, et respirait enfin librement. Sa fille Eve, qui encore une fois n'avait rien compris au revirement de Marie, ni à celui de Paul Deschanel, était assise auprès d'elle.

Quand Emile vint les rejoindre, Thérèse l'interrogea du regard :

– Elle pleure encore, dit-il.

– Pauvre petite, soupira Mme Gustave Humbert.

– Il faudrait peut-être appeler un médecin, suggéra Emile.
– Et quoi encore? protesta Thérèse. Un confesseur? La presse? Tu n'as donc jamais vu ce genre de crise? C'est pourtant très fréquent chez les jeunes filles.
– Pourquoi, maman? demanda Eve.
– Tu verras plus tard, mon poussin. Tu verras comme ça fait souffrir, l'amour. Et comme ça fait pleurer.
Eve se mit à minauder :
– M. de Véricœur m'a dit qu'il se tirerait bientôt une balle dans la tête à cause de moi.
– Enfin une bonne nouvelle, commenta Thérèse. En attendant, nous ne le recevrons plus. Il est trop bruyant. Il m'assomme.
Depuis qu'il était descendu de la chambre de Marie, Emile paraissait bouleversé. Il n'avait pas les nerfs solides ni le rude bon sens de son frère Romain. Il avait toujours été fragile, et depuis vingt ans, depuis qu'il participait aux escroqueries de la famille Frédéric Humbert, sa lucidité déclinait un peu. Dans cette perpétuelle comédie, il ne savait plus très bien son rôle; tout cela allait trop vite pour lui, et le dernier coup de théâtre l'avait achevé.
– Puis-je, sans te déranger, te parler un moment? demanda-t-il à Thérèse.
– Mais tu parles, Emile, et tu ne me déranges pas, répondit-elle.
Elle avait toujours eu une tendresse indulgente pour ce frère aîné qui, des quatre enfants d'Auguste, était le plus naïf, le plus délicat.
– Je voudrais te parler en tête à tête, précisa Emile.
– Je suis fatiguée. Demain matin?
– Je préférerais ce soir.
Elle soupira mais se leva et passa dans le petit salon où les chaises, les bergères, les causeuses avaient déjà été remises en place.
– Assieds-toi, dit-elle. Et sois clair, pour une fois.

Il prit un air grave et compassé :

– C'est au sujet du mariage...

– Quel mariage? lança étourdiment Thérèse.

– Celui de Marie et de ce Robert Crawford Junior. Je le désapprouve. Oui, parfaitement. Je suis contre. Je le trouve immoral. Et naturellement, je comprends la douleur de Marie et je la partage.

Thérèse avait l'habitude des lubies de son pauvre Emile, mais cette fois elle était perplexe. Elle ne pouvait croire qu'il eût pris au sérieux ce mariage puisque lui-même jouait le rôle de Robert Crawford Senior. C'était donc le jeu, cet énorme bluff, qu'Emile ne supportait plus et trouvait immoral. Et c'était pis que tout. Car si un membre du clan commençait à brandir la morale dans leurs affaires, rien n'irait plus.

Emile respirait avec difficulté et sortait à nouveau son mouchoir.

– Tu es malade, constata Thérèse. Alors, va te coucher et ne pense plus à tout cela. Une fois de plus, je vais tout arranger, fais-moi confiance. Ne pense qu'à une chose : tu es le président de *La Rente viagère de Paris*. C'est tout.

– Oui, dit Emile, tu as raison. J'ai mal à la tête et sans doute de la fièvre.

– Mon pauvre chéri, soupira-t-elle, tu as toujours eu une santé précaire. Rappelle-toi notre enfance : c'est toi qui récoltais tous les bobos, toutes les maladies contagieuses...

– Oui, fit Emile. Mais aujourd'hui c'est différent. Aujourd'hui, il faut que l'un d'entre nous souffre dans son corps afin d'obtenir la clémence et le pardon pour tous!

– Tu as très bien dit cela, Emile.

Thérèse regardait son frère avec une certaine admiration. Ainsi il s'agissait bien d'une question de morale. Emile estimait qu'elle allait trop loin avec ce faux mariage et que la justice divine (à défaut de l'autre) pourrait sévir.

Depuis qu'il avait épousé Camille Humbert, Emile était d'ailleurs beaucoup moins malléable. Il avait des scrupules, des angoisses; des états d'âme, en somme. Soit, elle compterait désormais avec tout cela. Elle se méfierait, bien qu'elle détestât le faire. Elle se rappelait son père qui disait toujours : « La méfiance est l'intelligence des imbéciles et des pleutres. » Ah! il lui manquait, ce fier Auguste, son maître. Elle se sentait parfois très seule.

Elle embrassa son frère :

– Va te coucher, dit-elle. Demain sera un autre jour.

– Tu as raison. Et excuse-moi si je me sens un peu dépassé. Je suis comme Marie : quand ça va trop fort, je craque. (En partant, il croisa Frédéric qui, lui aussi, était allé voir Marie et qui rassura sa femme : la jeune fille s'était enfin endormie.) Si j'ai bien compris, ajouta-t-il en regardant Thérèse dont le visage paraissait soudain très las, c'était de l'imprévu. Tu ne lui avais rien soufflé?

– Non. Comme tu dis, je n'avais pas prévu cela. J'ai dû tout improviser. J'aurais pourtant bien aimé m'installer plus longtemps dans ces préparatifs matrimoniaux. C'était agréable, c'était gai. Nous aurions pu jouer ainsi jusqu'à la fin de l'été... Enfin, tout est bouclé.

– Ne le regrette pas trop, dit Frédéric. C'était peut-être dangereux.

– Mais non. Ça nous permettait de gagner du temps. Durer, comme disait Napoléon, le grand. Durer. Je suis parfois si fatiguée... Viens près de moi, mon grand. Tiens-moi la main. Dis-moi que je ne suis pas seule.

– Nous resterons toujours ensemble, la rassura Frédéric. Même dans le pire.

7

Régulièrement, Thérèse se rendait dans les locaux de *La Rente viagère de Paris.* Depuis qu'elle avait vu Emile s'effondrer aux Vives-Eaux, le soir de la rupture avec les Crawford, elle tenait à surveiller son frère aîné. Etrangement, cette *Rente viagère,* qui tournait sur un volcan, rassurait Emile. Enfin, Thérèse commençait à penser à l'avenir, à l'éventualité d'une catastrophe qui les obligerait, elle et sa famille, à fuir. Et comment fuir sans argent? *La Rente viagère de Paris* serait là, avec ses bénéfices illicites, qui leur permettraient une fois encore de durer.

Dans une robe blanc et bleu de chez Worms, chapeau et gants assortis, elle entra ce jour-là, en compagnie de Frédéric, dans le confortable bureau présidentiel. Cette longue pièce, d'un style très riche et rigoureux, était tapissée d'une imitation de cuir fauve, avec des fauteuils, des poufs et un divan de même matière et de même couleur. Le petit lustre du plafond, les ornements du guéridon, la garniture de la cheminée étaient en bronze florentin d'un vert très clair.

Occupant un coin de la pièce : une table ronde couverte d'une nappe blanche sur laquelle traînaient des assiettes sales et les reliefs d'un repas copieux. Enfoncé dans son fauteuil directorial, les pieds reposant sur son bureau, Emile s'était assoupi.

Quand Thérèse le réveilla, il se leva aussitôt.

– Je constate que tu travailles bien, dit-elle en le voyant s'affairer pour remettre un peu d'ordre dans la pièce. Tu as reçu le vicaire?

– Oui, tout va bien. Nous aurons l'appui total du clergé, en Bretagne, en Normandie, en Vendée. Il a dit qu'aujourd'hui où la République se dresse avec ingratitude contre sa mère l'Eglise, tous les concours étaient les bienvenus et que les fidèles devaient s'unir.

– Tu lui as promis trois pour cent? demanda Thérèse.

Le visage d'Emile s'empourpra :

– Oui... enfin, nous avons traité à quatre.

– C'était un jésuite? s'étonna Frédéric.

– Non. C'est moi qui ai voulu faire un geste, dit Emile.

– Un geste? sourit Thérèse. Tu as l'air en forme, pourtant. N'est-ce pas, Frédéric, qu'il a l'air en forme? Tiens-toi droit.

Emile redressa son buste épais et avachi : il mangeait trop. Il organisait des déjeuners et des dîners professionnels au cours desquels il paradait et reprenait cette autorité totalement abolie par la présence de sa sœur. De toute la famille Humbert-Daurignac, Emile était donc, en cette dernière année du XIXe siècle, le plus heureux. Voulant ignorer les dessous de l'affaire que dirigeait Thérèse, il avait l'impression qu'en étant le président de *La Rente viagère de Paris*, il devenait un honnête homme.

Ce n'était pas le cas de Frédéric. Témoin privilégié d'une escroquerie phénoménale, il se sentait incapable de freiner cette machine infernale et subissait le plus souvent sans protester les coups de tête de Thérèse.

L'inquiétait particulièrement le comportement de Me Dumort, qui avait vendu son étude de Rouen pour venir s'installer à Paris et être ainsi à même de s'occuper plus activement des Humbert-Daurignac. La naïveté de Dumort n'aurait qu'un temps, se disait Frédéric. Déjà, le notaire ne comprenait pas que Thérèse empruntât à des taux scandaleux. Dumort avait-il fait des comptes? Peut-être pas encore. Mais Frédéric savait fort bien que l'héritière aux cent millions avait, à ce jour, emprunté... soixante millions!

Enfin, le coup de grâce venait d'être donné par le banquier Haas, l'un des plus gros prêteurs des Humbert, qui, après avoir fait faillite, avait été arrêté et incarcéré. Or, ce matin, quelques jours seulement après le début de son emprisonnement, Haas venait de se pendre dans sa cellule. Frédéric avait appris ce drame par un coup de fil de maître du Buit, qui était bouleversé. L'affaire allait sans doute faire grand bruit; la presse s'en emparerait, et cette fois Thérèse ne pourrait pas s'en sortir par une boutade. Il y avait mort d'homme. On passait de la comédie à la tragédie.

Mais comment revenir en arrière? Comment détruire cette « construction imaginaire » que Thérèse et lui-même alimentaient depuis vingt ans?

Frédéric pensait de plus en plus souvent à un départ pour l'étranger : l'Italie, par exemple. Ou mieux encore : l'Espagne dont il parlait un peu la langue. C'était la seule solution. Il fallait partir avant que la meute des avocats de leurs créanciers, et leurs créanciers eux-mêmes, ne fissent un scandale. Avant, surtout, que ce petit Leplet du *Matin,* qui les traquait, ne découvrît la vérité.

Frédéric Humbert avait raison de s'inquiéter. Car Louis Leplet avait, lui aussi, mis en branle une machine infernale : sa quête de grands scandales croustillants. La cible était évidemment les Humbert-Daurignac. Mais pour les atteindre, il fallait d'abord traquer les Crawford. Louis Leplet s'était promis de dénicher coûte que coûte ces Américains, et il était à peu près sûr d'y parvenir.

Le plus souvent, Louis Salignac l'accompagnait dans ses recherches. Dans quel but? Leplet l'avait acheté à bas prix pour une information à peu près nulle. Ils étaient quittes. Mais l'énergie et le courage du petit

Leplet impressionnaient Salignac qui avait toujours été un garçon mou, sans envergure. En suivant Leplet dans ses démarches, l'ami d'enfance de Romain espérait en tirer lui-même quelque bénéfice.

Ce matin-là, ils étaient de nouveau dans le petit bistrot, près de la Bourse, où ils s'étaient rencontrés la première fois. C'était là qu'exerçait depuis quelque temps un certain Ledur qui se disait conseiller juridique. Ses clients, en tout cas, étaient nombreux et apparemment satisfaits.

Leplet pensait que ce Ledur pourrait lui donner un tuyau. Il se mit donc dans la file qui s'était formée devant la table des « consultations ».

Quand son tour vint, il posa deux billets de dix francs sur la table, tandis que Ledur jetait un regard à sa montre, l'entretien ne durant jamais plus de cinq minutes.

– Je cherche des renseignements sur les Crawford, dit le journaliste.

– Les adversaires de Thérèse Humbert?

– Exactement.

Leplet, qui s'était assis, observait le visage rond et luisant qui lui faisait face et se disait que ce regard clair, ce nez charnu, cette bouche d'enfant devaient inspirer confiance et sympathie.

– Je suis en relation d'affaires avec Mme Humbert, avoua Ledur.

– Soyez plus précis. Faites-vous des achats de titres à l'étranger pour le compte des Humbert?

– Non.

Leplet insinua :

– Vous faites peut-être des achats en France pour le compte des Crawford? (L'homme paraissait soudain ennuyé. Il expliqua que les Crawford ne pouvaient pas être ses clients puisque ces derniers étaient les Humbert. Une réponse de Normand. Leplet s'impatienta :) Mais vous les connaissez, ces Crawford!

L'homme acquiesça. Puis il ajouta, après un silence :

– Ce sont les adversaires de Mme Humbert.

On revenait à la case départ. Leplet n'en pouvait plus. Depuis plusieurs semaines, il était sur la trace des Crawford, et les Crawford, c'était, pour l'instant, du vent.

– Ils doivent faire de temps en temps quelques opérations financières à New York, Londres ou Paris! s'emporta-t-il. On m'a assuré que vous connaissiez ces trois places comme vos poches!

– Comme mes poches... vous exagérez, fit l'autre placidement.

– Mais vous avez dû les croiser, ces Crawford, insista Leplet. Des millionnaires, ça se voit, non?

Ledur sourit : ce petit jeune homme l'amusait avec ses airs de conquérant et son manque d'expérience. Il lui expliqua calmement que les millionnaires avaient souvent des prête-noms, des hommes de paille qui traitaient en leur nom.

– Dans quel but? demanda Leplet.

– Afin d'agir avec discrétion. C'est un stratagème de gros porteur.

Leplet comprit alors que ce n'était pas ce « conseiller juridique » qui pourrait le conduire jusqu'aux Crawford. Il avait perdu son temps.

– Quel genre d'affaires faites-vous avec Mme Humbert? demanda-t-il.

Ledur soupira : ce n'étaient pas des « affaires », oh non! C'étaient plutôt de graves ennuis, qui ne se reproduiraient plus désormais car il avait renoncé à mettre en rapport ses clients étrangers avec la famille Humbert-Daurignac. Quand il avait joué ce rôle d'intermédiaire, quelques années plus tôt, il ne l'avait fait que pour quelques gros clients désireux de placer de fortes sommes à des taux avantageux. Et ces clients, il les avait tous perdus parce que la grande Thérèse n'avait pas remboursé. Aujourd'hui, les prêteurs attaquaient les Humbert-Daurignac, qui n'étaient pas à un procès près.

Non. Leplet n'avait pas tout à fait perdu son temps.

La belle façade des Humbert-Daurignac commençait à se lézarder sérieusement. Il fallait donc continuer à fouiner...

Il se leva, remercia, rejoignit Salignac qui l'interrogeait :

– Alors?

– Rien.

Mais Ledur s'était levé, lui aussi, pour suivre Leplet, à qui il dit très vite :

– Je ne sais pas qui vous envoie, jeune homme, mais vous pouvez dire à cette personne que je suis prêt à travailler pour les Crawford.

– Eh bien! fit Leplet abasourdi.

– Je peux me le permettre, commenta l'autre, puisque j'ai lâché la famille Humbert.

Elle aurait dû fuir ce jour-là, la famille Humbert-Daurignac que les prêteurs et la plupart des amis lâchaient. Elle n'aurait pas dû attendre le suicide du banquier Haas ni les articles virulents du *Matin* qui commençaient à paraître et faisaient basculer l'opinion. Mais, à la veille de fêter la naissance du XXe siècle, l'insouciance de Thérèse et la fantaisie de Frédéric avaient pris le pas sur l'inquiétude. Toute la famille voulait voir l'Exposition universelle, qu'inaugurerait le président Emile Loubet; et la première ligne du métropolitain.

En attendant d'aller applaudir *Louise,* de Gustave Charpentier, à l'Opéra-Comique, Frédéric avait écrit sa propre pièce qu'il ferait jouer par Marie, Eve, Romain, la gouvernante et le professeur de piano. Le théâtre n'était autre que le petit salon tendu de soie jaune pâle, qui avait été transformé en vraie scène, avec rideaux, praticables et portants. On n'avait lésiné sur aucun détail et les costumes étaient somptueux.

Il s'agissait d'une pièce en vers maladroits qui évoquait la fin du XIXe siècle et célébrait la naissance du XXe, personnifié par la jeune Eve. Romain incarnait un écuyer; Marie, une princesse romantique; la gouvernante, sa suivante; et le professeur de piano, une Alsacienne. Quant à Emile, il s'était défilé en donnant cent sous à un plombier pour que celui-ci le remplaçât dans son rôle muet. Ce qui exaspérait Frédéric, qui ne supportait pas que l'on contestât son autorité ni qu'on lui fît faux bond.

Comme toujours dans ces cas-là, il fit appel à Thérèse qui se trouvait dans son bureau en compagnie de Dumort et du bâtonnier du Buit. Elle accourut, le bonheur de son mari était prioritaire :

– Qu'y a-t-il, Frédéric? Calme-toi, mon grand. Tout va s'arranger. (Dumort et du Buit l'avaient suivie et regardaient, ahuris, le spectacle qu'offraient les membres de la famille Humbert-Daurignac et ce décor de rêve.) Messieurs, assez travaillé pour aujourd'hui! décida Thérèse. Place au théâtre. Asseyez-vous, je vous en prie. Vous serez nos premiers spectateurs.

Dumort commençait à avoir l'habitude des fantaisies de la grande Thérèse, mais cette fois il se dit qu'elle exagérait.

– Vous n'y pensez pas, madame! Alors que tant de créanciers vous harcèlent et vous menacent de procès!

– S'ils veulent plaider, qu'ils plaident, répondit Thérèse. Qu'y gagneront-ils? Ils auront de l'argent quand j'en aurai! (Et elle se tourna vers la scène, eut un sourire attendri pour son mari qui fronçait les sourcils comme un enfant boudeur :) Que le spectacle continue, dit-elle. Allez, mon grand!

Frédéric reprit sa troupe en main, indiqua les places et les intonations, se heurta à Romain qui, de nouveau, contestait le texte, félicita Eve qui paraissait la plus douée (en tout cas, la plus malléable) et se montra enfin satisfait.

Marie était maintenant seule sur la scène, déclamant sa tirade : « Je n'ai pas grand mérite et vous exagérez... » Soudain, elle se tut, pétrifiée : une pierre, lancée de la rue, était venue fracasser une des vitres du salon. Et, brisant le silence qui régnait soudain dans la pièce, une voix venue du dehors s'éleva, stridente :

– Voleuse! Criminelle! Tu as tué mon mari!

Une autre vitre fut cassée. Eve et Marie se mirent à pleurer. Thérèse esquissa un sourire pour Dumort et du Buit qui étaient très pâles et glacés d'horreur. Leurs yeux étaient sans nuances : la même peur les habitait.

Frédéric fit un signe à Romain, et tous deux se dirigèrent avec précaution vers les fenêtres. Romain se pencha vivement puis rejeta la tête en arrière, sans avoir été vu de l'extérieur.

– C'est une femme, dit-il.

– On s'en serait douté, remarqua Frédéric.

– Tu la connais? demanda Thérèse à Romain.

– Non. Elle est folle. Je ne fréquente pas les fous. (Il revint à la fenêtre et de nouveau se pencha :) Tiens, voilà les policiers qui arrivent. Une heure après la bataille, comme toujours!

Romain paraissait fasciné : il vit les deux agents appréhender une femme élégante, qui se mit à protester puis à les insulter, puis à pleurer. Enfin, elle se laissa emmener au poste.

C'était Mme Haas, la femme du banquier qui venait de se suicider.

8

Salignac ne quittait plus Leplet. Depuis la mort du banquier Haas, le journaliste se consacrait uniquement à l'affaire Humbert. Il avait chargé Louis Salignac de faire la tournée des hôtels de luxe où auraient pu descendre les Crawford. Mais sans résultat.

Où se cachaient ces Américains quand ils venaient à Paris? Dans un appartement meublé, suggérait Salignac. Et, dans ce cas, il serait difficile de les dépister. Mais Leplet ne désespérait pas. Les Crawford avaient tout de même laissé des traces, bien que personne, à part les Humbert et maître Dumort, ne les eût rencontrés.

Pourquoi se cachaient-ils? C'était ce qu'il fallait analyser. Car la grande Thérèse, elle, était bien visible; elle n'avait rien à dissimuler, pas même ses dettes, qui se montaient à... Tiens, c'était une idée, cela. Il faudrait un jour essayer de chiffrer les dettes des Humbert-Daurignac. Mais, en attendant, Leplet devait débusquer les Crawford et les faire parler.

Ah! si son rédacteur en chef lui avait permis d'aller à Londres. Après deux ans d'école Berlitz, il parlait l'anglais presque couramment. Mais on avait préféré envoyer un petit gommeux, un fils à papa franc-maçon, un pistonné. Ce correspondant mondain ne trouverait rien; il se contenterait de fréquenter les pubs et de se faire inviter chez quelques grands bourgeois et chez des lords. Jusqu'à présent, il n'avait envoyé qu'une information : la vieille reine Victoria était très malade, elle ne verrait peut-être pas l'aube du XXe siècle et passerait le flambeau à un « jeune homme » de soixante ans : Edouard VII.

Mais lui, Leplet, prouverait à son rédacteur en chef que, sans être pistonné, en restant à Paris et avec ses seules armes, il allait obtenir une interview exclusive des Crawford. Dieu merci, ses notes de frais étaient généreuses : il allait pouvoir « arroser » quelques informateurs et sortir enfin de ce tunnel noir.

Deux hommes avaient la possibilité de l'aider bien malgré eux : Me Dumort, qui était venu s'installer à Paris, et le bâtonnier du Buit qui défendait les intérêts de Thérèse Humbert et qui serait bientôt contraint de plaider pour sa cliente. Ces gens-là avaient perdu leur bel enthousiasme du début; Leplet avait pu le constater un jour qu'il les avait suivis jusqu'à ce restaurant, face à la Bourse, où Dumort déjeunait souvent en compagnie de Me Parmentier ou du bâtonnier. Le ton avait changé. Du Buit s'inquiétait. Dumort s'affolait. L'un et l'autre ne comprenaient plus la grande Thérèse, sans pour autant lui retirer leur confiance. Mais les dossiers s'accumulaient et les créanciers se faisaient pressants. « Nul doute, se disait Leplet : l'un ou l'autre de ces deux hommes finira bien par contacter les Crawford pour obtenir un arrangement. Et alors, je serai là ! »

Leplet avait raison : Me Dumort avait les plus grandes craintes quant à l'issue de l'affaire Humbert-Crawford. Deux à trois fois par semaine, il allait voir Thérèse, avenue de la Grande-Armée, pour lui rendre compte de ses démarches. Mais ce matin-là, elle le trouva fort agité.

Comme d'habitude, elle le reçut dans son confortable bureau où, accrochés au mur, trônaient une photographie de famille et deux portraits du bel Auguste Daurignac. Mais Dumort refusa de s'asseoir. Marchant d'un mur à l'autre, il se heurtait à une console Second

Empire ou à un fauteuil Louis XVI, quand ce n'était pas à Thérèse elle-même, qui portait ce jour-là un tout nouveau modèle de Callot en soie grège, très sobre, très chic.

– Chère amie, la position n'est plus tenable! fit-il enfin.

– A qui le dites-vous! soupira Thérèse qui cependant restait très calme.

– J'arrive du Palais. J'y ai conféré avec maître du Buit. Il semble que vos créanciers s'accordent pour douter de l'heureuse issue de votre affaire avec les Crawford.

– Tous des girouettes. Laissons-les tourner. Quand le vent soufflera de nouveau du bon côté...

Dumort la regarda sans aucune indulgence : cette femme avait des nerfs d'acier; à moins qu'elle ne fût totalement inconsciente.

– Madame, dit-il en parlant sur le souffle, comme s'il était trop épuisé pour se servir de ses poumons. Madame, vous savez que je vous suis tout dévoué. J'ai placé entre vos mains l'argent de mes plus chers clients et le mien propre...

Il se rappelait la colère de sa femme Germaine quand il avait dû lui avouer qu'il avait prêté un million trois cent mille francs à Thérèse Humbert. Ç'avait été leur première scène en plus de vingt ans de mariage. Il avait beau lui affirmer que c'était là un placement avantageux, Germaine protestait que c'était une véritable escroquerie. D'ailleurs, elle lisait les journaux : *Le Figaro, Le Matin, L'Echo de Paris, Le Gaulois,* et même *La Libre Parole* de ce sinistre Drumont. Il ne fallait donc plus lui en conter. Elle gémissait que son mari, son cher Jules, s'était laissé envoûter par Thérèse Humbert.

– Maître, vous m'effrayez, dit celle-ci. Voulez-vous me faire croire que vous regrettez de m'aider?

Aussitôt il se calma : le charme Daurignac agissait. La voix rauque de Thérèse, qui retrouvait parfois l'accent du terroir, l'avait ému.

– Non pas, madame, non pas. Je sais que nous avons en main de quoi mettre un terme à tout cela. Mais il est grand temps d'intervenir.

Thérèse comprit qu'elle avait gagné, une fois de plus; du moins, une manche. Car la partie n'était pas encore jouée.

– Eh bien, intervenons, mon bon Dumort! Intervenons. Mais je vous en prie, asseyez-vous.

Il y consentit, sans pour autant abandonner son raisonnement : les Crawford avaient disparu, ils se cachaient, donc ils avaient peur.

Thérèse retint un sourire :

– Comment négocier avec des ombres? dit-elle.

– C'est très simple : arrêtons de négocier. Arrêtons de chercher les Crawford. Déposons les six millions qui leur reviennent de droit à la Caisse des dépôts et consignations, et liquidons la succession Robert-Henry Crawford en réalisant la fortune à notre profit.

Non, la partie n'était pas jouée. Thérèse essayait de réfléchir mais sans une seule pensée précise. Elle n'était pas en forme. Il fallait pourtant trouver une issue, gagner du temps, inventer encore, toucher ce brave Dumort au cœur et le mettre dans sa poche. Mais comment?

– Sans leur consentement? fit-elle. C'est impossible.

– Mais si, dit Dumort qui pour la première fois perdait son calme. Plus de consentement, plus d'accord. Plus rien. Terminé. Ils veulent bloquer la marche de la Justice, vous acculer à la ruine, à la faillite... Ils oublient que vous êtes dans vos droits! Ils oublient qu'ils ont signé une transaction qui vous reconnaît explicitement comme seule légataire de feu Robert-Henry Crawford, en échange de trois millions que vous devez remettre à chacun d'eux. Parfait. Voilà qui est fait!

– Mais ils refusent ces trois millions si n'a pas lieu ce maudit mariage!

– Ils n'en veulent pas? Qu'ils les laissent. La Caisse

des dépôts et consignations peut les conserver éternellement s'il le faut. Si, plus tard, ils ont enfin le courage de sortir de la clandestinité pour dénoncer l'arrangement et obtenir un partage différent, mieux vaut être en procès avec deux lointains Américains, tout en ayant la jouissance de l'héritage, qu'avec toute la meute de vos créanciers. Que pouvez-vous faire contre ces derniers? Vous avez les mains vides et, s'ils ont le malheur de s'organiser en syndicat, ils finiront par vous abattre.

Thérèse se sentait perdue. Pour la première fois. Aucune idée nouvelle, aucune trouvaille. Noir complet.

– Qu'ils m'abattent, dit-elle tristement. Qu'en tireront-ils?

Dumort l'observait avec un mélange de pitié et d'irritation :

– Chère madame...

Mais elle l'interrompit :

– Vous ne connaissez pas les Crawford, gémit-elle, sinon...

– Franchement, je ne tiens plus à les connaître. Ce ne sont pas des gentlemen. Madame, assez d'hésitations, assez de scrupules! La clause du mariage ne figure pas dans l'arrangement. Seul l'encaissement des trois millions compte!

Thérèse ne pouvait plus reculer. Il fallait absolument trouver une idée. Elle prit le temps de se lever, lentement, d'aller jusqu'à la porte afin de s'assurer que personne n'écoutait. Et qui aurait eu envie d'écouter, Seigneur! Elle donna un tour de clé, revint jusqu'à son bureau... et brusquement se dirigea vers un placard d'où elle sortit une bouteille de porto et deux verres. Elle en avait besoin. Elle servit Dumort puis emplit son propre verre et but d'un trait.

– Ce serait magnifique, dit-elle. Malheureusement...

Il lui arrivait parfois, comme aujourd'hui, d'avoir envie de tout lâcher, de se confesser, de ne plus tricher.

Sans pour autant se repentir. C'était usant pour les nerfs, ce jeu constant et dangereux où toutes les directives lui étaient confiées. Elle n'était qu'une femme, après tout, et sa jeunesse avait fui. Et pourtant, elle devait, elle se devait de « durer » encore, de faire rebondir la situation, de duper ce naïf Dumort qui disait :

– C'est irréprochable, madame. En signant cet accord, les Crawford ont reconnu expressément vos droits, et le tribunal de commerce lui-même a reconnu la validité de la transaction.

– Malheureusement, l'accord n'est rien, dit-elle.

– Comment? Mais il est tout, madame, il est tout!

Voilà. Elle avait trouvé. C'était énorme mais elle n'avait pas le temps de finasser. Et puis, précisément, c'était si gros que Dumort ne pourrait en douter.

Elle entra dans son rôle en baissant les yeux pudiquement :

– Ils me tiennent, dit-elle d'une voix suave.

Mais Dumort n'avait pas compris; il suivait son idée, il devenait pressant :

– Chère amie, déposons les millions, réalisons la fortune!

– Ils me tiennent, répéta Thérèse, les yeux toujours baissés. Il y a une chose... une chose affreuse qu'ils sont seuls à savoir et que leur oncle leur a confiée... Un secret, un terrible secret... (Elle reprit sa respiration pour mieux ajuster son coup :) Si ce secret était dévoilé, je perdrais mon honneur, ma vie, je ferais le malheur des miens. Alors, dans ces conditions, la fortune ne m'intéresse pas, non merci. Plutôt la mort et la misère.

Dumort n'avait toujours pas compris, le malheureux, et comment eût-il pu comprendre alors que Thérèse elle-même ne savait pas, dix minutes plus tôt, ce qu'elle allait inventer.

– Madame!

– Ne m'en demandez pas davantage, dit-elle. Il s'agit de l'honneur d'une femme.

Il s'emporta, lui reprochant de revenir sur des arguments qu'il connaissait :

– Mais oui, madame, je sais tout! Vous êtes la fille de feu Robert-Henry Crawford, et Mlle Marie l'est aussi. Eh bien, qu'ils le disent, qu'ils l'impriment, qu'ils le clament, cela montrera l'ampleur de leur bassesse et ne salira en rien l'honorable mémoire de Madame votre mère. Dans notre beau pays de France, Dieu merci, l'amour peut sauver l'honneur. Et puis, quoi! Quatre-vingt-quatorze millions, songez-y. Quatre-vingt-quatorze!

« L'imbécile! se disait Thérèse. Il m'écœure avec son amour qui sauve l'honneur. Mais il va avoir un choc... »

– Il ne s'agit pas d'amour, dit-elle d'une voix mourante. Il ne s'agit pas de ma mère... Je vous en prie, ne m'obligez pas à en dire plus!

Dumort, qui vibrait encore après son discours sur l'honneur et l'amour, se fit de plus en plus pressant :

– Madame, il faut tout me dire!

Thérèse se tordit les mains et réussit à faire venir quelques larmes dans ses longs yeux verts.

– Je ne peux pas, dit-elle. Impossible.

– Il le faut, insista-t-il en lui prenant les mains.

« Oui, il le faut », pensa Thérèse en se jetant dans sa grande scène avec l'ardeur d'une Sarah Bernhardt. Des larmes, elle passa aux sanglots.

Dumort la regardait, interdit. En écartant un peu les doigts (elle avait plaqué ses mains sur son visage), Thérèse le vit pâlir et se crisper. Elle attendit une longue minute, puis elle se reprit et lança d'une voix sèche :

– Vous l'aurez voulu! Je ne suis pas la fille de Robert-Henry Crawford, et Marie n'est pas ma sœur. Elle est ma propre fille et...

– Feu Crawford est son père? fit Dumort bouleversé.

Thérèse hocha sobrement la tête pour acquiescer.

– Vous avez compris, dit-elle en se détournant avec pudeur. (Elle prit le temps de sortir son mouchoir et de s'essuyer les yeux. Puis :) Je vous fais horreur? murmura-t-elle.

– Mon Dieu, madame...

Il n'allait pas dire oui, cet imbécile. Elle s'affola, fit volte-face. Non, rien à craindre : Dumort la regardait avec ses bons yeux de gros chien fidèle. Elle avait gagné.

– Ce secret, dit-elle, vous êtes seul à le connaître avec les neveux Crawford. Si Frédéric venait à l'apprendre, il me tuerait peut-être.

– Croyez-vous?

– Mais oui. Comme tous les vrais artistes, mon mari est intraitable sur le chapitre de l'honneur et des sentiments.

Elle avait repris son assurance, et son zézaiement avait presque disparu. Sa voix sonnait avec clarté, presque avec gaieté. Et Dumort se laissait griser par ce numéro de diva au mieux de sa forme.

– Ai-je perdu votre estime? fit-elle avec la certitude d'avoir définitivement gagné la partie.

Il balbutia :

– Madame... L'amour...

– Ah non! protesta-t-elle. Il ne s'agissait pas d'amour!

Mais Dumort ne l'entendait plus : il était réellement bouleversé.

– Votre sincérité... fit-il, votre courage, la confiance que vous me témoignez me vont droit au cœur.

« Bon, se dit Thérèse, maintenant ça suffit. Il faut le remettre dans le droit chemin. »

Elle lui servit un autre verre de porto.

– Je crois pouvoir renouer très prochainement avec les Crawford, dit-elle. Je les contraindrai à renégocier sur d'autres bases, du moins je l'espère. En attendant, il faut faire patienter les créanciers. Il ne s'agit que de quelques mois, ce qui est peu quand on songe que pendant près de vingt ans ils ont gagné leur vie sur mon dos. Non, ils n'ont pas à se plaindre... Mais j'y pense : vous avez peut-être besoin d'argent?

– Moi? fit Dumort confus. Non.

Thérèse savait très bien ce qu'elle lui devait, et c'était lourd, mais elle interrogea d'un air innocent :

– A combien en sommes-nous, au juste?

– Qu'importe, madame, qu'importe! Je vous ai prêté une première fois trois millions, puis un million trois cent mille puis huit cent mille...

« Il sait tout de même compter, se dit-elle. Ils savent tous compter! »

– Ils voudront peut-être obtenir une somme plus importante, suggéra-t-elle.

– Qui?

– Mais les Crawford, voyons!

« Et comment mangerons-nous, sinon? » pensa-t-elle.

– Vous êtes sûre d'arriver à les joindre? (Thérèse fit oui de la tête.) Fort bien, madame. Dans ce cas, nous ferons remettre par huissier une notification judiciaire leur commandant de venir encaisser les trois millions afin que l'accord soit respecté selon le vœu du tribunal de commerce. Mais que vais-je dire à Me du Buit en attendant?

Thérèse savait que le bâtonnier ne serait pas aussi crédule que Dumort. Il fallait donc circonscrire au notaire l'aveu de cette belle fable.

– J'ai votre parole, dit-elle. Secret absolu.

– Certes, mon amie. N'en doutez pas.

Il fallait maintenant enfoncer le clou et récompenser ce Dumort par quelque geste généreux. Elle réfléchit très vite et trouva ce geste qui ne lui coûterait pas beaucoup.

– Je me suis livrée tout entière, dit-elle, mais je savais à qui je m'adressais. Faites-moi l'amitié d'accepter ma loge à l'Opéra et de vous y rendre un soir avec votre si charmante épouse. Ah! mon ami, vous ne connaissez pas votre bonheur. Ceux qui par malheur ont gagné leur fortune en perdant leur âme jamais ne trouvent le repos.

Pour une fois, elle était sincère. Et elle allait faire trois heureux : les Dumort qui occuperaient sa loge, et Romain que cela ennuyait tellement d'aller à l'Opéra.

9

Lassé par ses recherches des introuvables Robert et Henry Crawford, Louis Leplet avait décidé de procéder méthodiquement. Puisqu'il ne pouvait interviewer les Américains, il se concentrerait sur les Humbert-Daurignac. Car il y avait désormais une affaire Humbert-Daurignac. Il fallait donc chercher à Paris d'improbables témoins et remonter aux sources, là où l'affaire Humbert-Daurignac avait dû commencer : dans le village où était née la grande Thérèse, à Aussonne, dans la Haute-Garonne.

Louis Salignac était pour Leplet un allié précieux : il connaissait parfaitement la région et parlait le patois du cru.

Ils partirent donc ensemble pour Aussonne : un voyage pittoresque. Salignac s'émerveillait de la rapidité des chemins de fer français. Leplet, blasé, répliquait que ce train se traînait et prétendait que, bientôt, les automobiles rouleraient à cinquante à l'heure. Mieux : il y aurait dans le ciel des appareils volants qui passeraient au-dessus de la Manche et iraient de Paris à Londres.

A la gare, ils prirent un fiacre pour se rendre à la ferme de la tante de Thérèse, la vieille Jeanne-Marie, une sœur de sa mère. Ce n'était pas la famille riche de la grande Thérèse. Car la fortune avait tout de même souri aux Daurignac vers 1840, quand le bel Auguste avait épousé la fille naturelle d'un très riche fermier de la région, un certain Deluc qui avait deux autres filles et plus d'un million de capital. Hélas, à la mort du fermier, on avait découvert qu'une seule des trois filles était légataire universelle. Ce n'était pas la bonne. Ce n'était pas celle qui avait épousé Auguste. L'héritière avait eu, néanmoins, un geste généreux en offrant dix mille francs à chacune de ses sœurs.

Or, c'était avec ces dix mille francs que le père de Thérèse avait acheté, près de Toulouse, une sorte de petit castel, et fondé son agence matrimoniale.

La vieille Jeanne-Marie connaissait tout cela, ainsi que Salignac, mais ce n'était pas ce qui intéressait Leplet. Par quel hasard un Crawford avait-il pu échouer en Haute-Garonne et rencontrer la famille Daurignac? Par quel miracle Thérèse avait-elle pu devenir l'héritière? Qu'avait-elle de particulier quand elle n'était encore qu'une très jeune fille? C'était à ces questions-là qu'il souhaitait obtenir des réponses.

Salignac aurait pu parler de Romain pendant des heures parce qu'ils avaient été ensemble collégiens. Mais Thérèse, il l'avait, à l'époque, à peine regardée. Il ne se souvenait même plus de l'avoir rencontrée.

Il fallait donc faire parler la vieille Jeanne-Marie, qui les accueillit sans plaisir, continuant de nourrir ses poules, lâchant ses chiens sur ces deux messieurs de Paris en costume de sport et casquette à carreaux. Le temps était pourtant clément, à peine frais. Un vent léger faisait frissonner les arbres et exhaler de la terre des vapeurs imperceptibles qui jetaient sur l'horizon des voiles transparents. Des chiens aboyaient un peu partout dans la campagne rousse et blonde et, dans l'air tranquille de cette fin d'après-midi, on entendait des voix rudes à l'accent du terroir, des phrases jetées à travers les champs, d'un lopin de terre à l'autre, et ces cris courts et gutturaux avec lesquels on conduit les animaux.

– Mère Jeanne-Marie, comme vé? fit Salignac en s'avançant vers la vieille femme, qui se redressa et qui se méprit car elle était un peu sourde.

– J'ai déjà donné, dit-elle, j'ai plus de sous.

– Rassurez-vous, nous ne sommes pas là pour cela. Nous venons de la part de votre nièce Thérèse, précisa Salignac.

– Qui ça?

– Thérèse. Celle qui a épousé le fils de Gustave Humbert.

– Ah! l'héritière! fit la vieille.

– C'est ça. Vous la connaissez bien?

– Ça fait vingt ans que je l'ai point vue!

Salignac se résigna à faire les présentations :

– Voici Louis Leplet, un ami, qui aimerait que vous lui parliez de Thérèse.

– Et pour quoi faire?

– Il veut écrire son histoire dans les journaux.

Leplet pensa que c'était une maladresse : les journaux faisaient peur aux vieux paysans. La Jeanne-Marie ne dirait pas tout ce qu'elle savait.

– Bon Diou! fit-elle, c'est que je n'ai pas que du beau à en dire! Depuis qu'elle est riche, on la voit guère, elle est fière!

Leplet intervint, voulant aller à l'essentiel :

– Comment est-elle devenue riche?

La femme reprit du grain, qu'elle distribua à ses poules sans même lever sa tête grise et son regard bleu vers le journaliste.

– Comment? Ben c'est tout simple, fit-elle. C'est cette vieille demoiselle que j' connaissais point, qu'était une amie de son père et qui, à sa mort, lui a laissé son château.

Ce que ne pouvait pas dire la rusée Jeanne-Marie, parce qu'elle n'en avait jamais eu la certitude, c'était que cet héritage était la première fable de Thérèse pour séduire Frédéric Humbert. A l'époque, Thérèse n'avait rien et elle rêvait de devenir Mme Humbert, l'épouse du beau et lettré Frédéric, la belle-fille du procureur général de la Cour des comptes. Mais comment était-ce possible avec un père qui lui-même n'était pas riche et qui n'était propriétaire que d'un tout petit castel? Elle se devait donc de posséder un château par héritage. Un oncle d'Amérique? Auguste lui-même s'était déjà servi de cette fable pour rassurer ses créanciers.

Thérèse avait trouvé mieux : une imaginaire vieille fille qui se serait soudain entichée d'elle et lui aurait légué son château de Marcotte... A la veille du mariage de Thérèse avec Frédéric, la « vieille demoiselle » n'était pas encore morte mais sa santé déclinait rapidement. Aussi les espérances de Thérèse étaient-elles grandes. C'était du moins ce qu'affirmait Auguste Daurignac à Frédéric et à Gustave Humbert pour les convaincre « d'épouser ».

Comment une fable aussi grossière avait-elle pu être acceptée par deux hommes intelligents, qui étaient en outre des juristes? Le charme de Thérèse? Peut-être. Son culot formidable? Sans doute.

De tout cela, la vieille Jeanne-Marie avait entendu vaguement parler. Des rumeurs, des potins. Rien de précis. Ce fut la raison pour laquelle elle ne s'avança qu'à moitié quand Leplet insista :

– Un château? Et où est-il, ce château?

– Oh! quelque part par là, je ne sais pas où, je ne l'ai jamais vu. C'est le château de Marcoles ou de Marcotte, je ne sais trop.

– C'est en tout cas dans la région, non? (La femme ne répondit pas : elle appelait ses poules et ses poussins, et Leplet la suivait, la harcelant :) Ensuite, elle a hérité de ce millionnaire, n'est-ce pas?

– Quel millionnaire?

– Robert-Henry Crawford...

La vieille Jeanne-Marie haussa les épaules : elle ne comprenait plus; elle n'avait d'ailleurs jamais bien compris l'histoire de la Thérèse.

Mais Leplet ne se décourageait pas :

– Ce Crawford, vous l'avez connu, vous?

– Jamais entendu parler de cet oiseau-là, moi!

Leplet s'énervait :

– Celui qui lui a légué les cent millions!

Cette fois, la femme s'immobilisa, comme si le chiffre l'impressionnait. Mais elle était plus finaude qu'elle n'en avait l'air : elle s'adressa à Salignac en patois pour lui expliquer ce qu'elle en pensait.

– Qu'est-ce qu'elle dit? demanda Leplet.

Et Salignac répéta fidèlement :

– Il faut être un grand dépendeur d'andouille pour raconter et croire des histoires pareilles. (Leplet sourit. La vieille avait du bon sens et il commençait à la trouver intéressante; elle lui fournirait en tout cas de la matière pour ses articles. Il demanda à Salignac d'essayer de tirer d'elle quelque chose de plus.) C'était bien maître Noblet qui était le notaire d'Auguste Daurignac? Savez-vous s'il vit encore? demanda Salignac.

– Pour sûr qu'il vit! Ça meurt jamais, ces bestiaux-là, répondit la femme.

– Et où peut-on le joindre?

– Toulouse.

– Vous avez l'adresse?

– Facile à trouver, dit Jeanne-Marie en faisant demi-tour pour rentrer chez elle. Demandez la maison d'arrêt. Et si vous voyez la Thérèse, dites-lui qu'avant de faire écrire sa vie dans les journaux, elle ferait mieux de penser à me rendre les cent vingt francs que je lui ai prêtés pour son trousseau.

Elle n'ajouta rien et referma la porte sur elle. Un peu déçu, Leplet se dit que le vieux notaire pourrait peut-être lui fournir quelques renseignements. Mais à la prison de Toulouse, quand Noblet arriva au parloir, Leplet vit aussitôt qu'il n'en tirerait rien. L'ancien notaire n'était obsédé que par son incarcération qu'il jugeait abusive et qui avait entamé sa raison. Le château de Marcotte? Autant chercher une aiguille dans une botte de foin. Noblet déraillait réellement.

Leplet estimait qu'il avait fait le maximum pour retrouver les Crawford et le château de Marcotte. Dès son retour à Paris, il écrivit un premier article très virulent, que les Humbert-Daurignac reçurent comme un coup de poignard dans le dos. Le journaliste exposait les différentes étapes de ses recherches à Paris et à Aussonne. Puis il concluait :

Ainsi, malgré nos efforts, les Crawford sont restés invisibles et le château de Marcotte introuvable. Peut-être, la chance aidant, découvrant l'un, y trouverons-nous les autres. En effet, pourquoi ne pas penser que les mystérieux financiers se cachent dans le non moins mystérieux château? Souhaitons simplement qu'il ne s'agisse pas d'un château en Espagne et qu'en attendant, d'autres veuves de banquiers ou de financiers n'aient pas de nouvelles raisons de casser les carreaux de l'hôtel particulier de l'avenue de la Grande-Armée.

Suite des aventures des invisibles brothers Crawford et du château mystérieux dans nos prochains numéros.

Ce fut à l'heure du *breakfast* que les Humbert-Daurignac reçurent le coup. Comme tous les jours, M. André avait déposé les journaux près de la corbeille à pain. Frédéric s'empara d'abord du *Figaro,* tandis que Romain, Emile et Thérèse déjeunaient tranquillement. Puis il jeta un regard au *Matin* et découvrit l'article de Leplet, qu'il lut aussitôt à voix haute.

Quand il referma le journal, les visages étaient un peu plus pâles, les yeux un peu trop brillants.

– Je vais lui casser la gueule, à ce Leplet, dit Romain en se levant.

– Reste assis, fit Thérèse. Réfléchissons.

– Non. Je vais lui casser la gueule, il sera toujours temps de réfléchir après.

– Quel subtil tacticien! ironisa Frédéric.

– Un homme du monde dont la sœur est une riche héritière ne se comporte pas ainsi, dit Thérèse.

– Et qu'est-ce qu'il fait? demanda Romain.

– Au besoin, dit-elle, il assigne le journal en diffamation.

Frédéric la désapprouva :

– L'article n'a rien de diffamatoire : il est simplement caustique.

Mais Thérèse poursuivait son idée :

– Ou bien, il se bat en duel.

– Parfait! s'enthousiasma Romain. J'opte pour le duel. Je vais faire du hachis de ce petit monsieur.

Emile se leva pour aller serrer la main de son frère :

– Bravo! Enfin, je retrouve l'homme d'honneur que tu n'aurais jamais dû cesser d'être. Bon, ajouta-t-il avec un air soudain affairé, moi je fonce à *La Rente viagère de Paris.* Les affaires vont bien, très bien même. Il faut dire que cette épidémie d'influenza nous tombe véritablement du ciel : les petits vieux s'effondrent comme des mouches.

– Reste, dit Romain. Tu seras mon témoin.

– Moi? Ah! non, non! On ne mêle pas un directeur d'entreprise à des affaires d'honneur. Prends Salignac.

Le pauvre Emile était blême, il transpirait dans sa redingote noire et son gilet gris, et ses petits yeux affolés allaient de Romain à Thérèse.

– Allons, messieurs! intervint Frédéric. Se battre avec un journaliste est indigne de vous! On ne parle pas d'honneur à un journaliste. On laisse cela aux députés et aux ministres. Nous sommes quand même au-dessus de cela, non?

Comme toujours dans les moments importants qui agitaient la famille Humbert-Daurignac, les regards se tournèrent vers le chef du clan, vers celle qui prenait les décisions et dirigeait les opérations.

Thérèse réfléchissait, l'œil immobile, les lèvres crispées. Il fallait encore trouver une idée, une fable, un stratagème. Il fallait imaginer une situation en béton pour répondre à ce petit merdeux du *Matin.*

Elle s'empara du journal et dit posément :

– Mes enfants, tout cela est cousu de fil blanc. Voici la situation telle que je l'envisage... Elle nous permettra en tout cas de faire front. Nous allons dire que ce petit Leplet est à la solde de Robert et de Henry Crawford qui n'ont pas accepté l'échec du mariage et qui cherchent maintenant à jeter le discrédit sur nous! D'ailleurs, avec eux, il ne faut plus s'étonner de rien. Ce sont des crapules. Regardez ce qu'ils font aux Boers!

Frédéric sourit, à la fois admiratif et indulgent.

– Ma mie, les Boers sont en conflit avec les Anglais. Les Crawford, eux, sont américains; ils ne tuent que des Indiens.

– Ce sont tout de même des crapules, remarqua-t-elle. Malheureusement, il faut de nouveau tenter d'avoir un arrangement avec eux.

– Mais où les joindre? objecta Frédéric. Nous risquons d'avoir des ennuis avec leur adresse.

Son inquiétude n'était pas feinte et il s'en voulait d'avoir été trop léger en laissant toutes les initiatives à Thérèse. En effet, aucun d'eux n'avait pensé à donner un domicile légal aux Crawford. Pendant longtemps, personne n'avait relevé cette faute capitale. Mais tout récemment, un certain Duret, liquidateur judiciaire de la banque en faillite Girard et Cie (à laquelle les Humbert-Daurignac devaient six millions), avait signalé que les Crawford n'avaient même pas d'adresse légale!

Prise de court, Thérèse avait fait répondre, au hasard : 1202 Broadway, New York. Et personne n'avait encore vérifié l'authenticité de ce domicile.

– Il faudrait changer d'adresse, reprit Frédéric. Je ne sais pas pourquoi, mais la première ne m'inspire pas confiance.

– Attendons un peu, dit Thérèse. Puis, dans quelque temps, nous dirons qu'ils ont déménagé et qu'ils comptent venir s'installer en Europe pour leurs affaires.

– Très bien, approuva Frédéric en se tournant vers Emile et Romain.

Emile, qui était toujours le plus lent, comprit enfin ce qu'on attendait de lui. Il s'affola :

– Ah non! fit-il. Ça, jamais! C'est fini! Je ne veux plus jouer le rôle de Robert Crawford!

Personne ne broncha, mais les regards étaient si hostiles qu'Emile finit par s'effondrer en sortant de sa poche une boîte de pilules. Il en avala deux coup sur coup, sous le regard souriant et attendri de sa sœur.

Frédéric voulait faire plaisir à Thérèse : il envoya une lettre de protestation à la direction du journal *Le Matin,* se plaignant de l'article de Louis Leplet. C'était une lettre posée, parfaitement rédigée, qui laissait percer une menace précise.

Le rédacteur en chef conseilla donc au petit Leplet de prendre quelques leçons de tir. Toujours suivi de Salignac, le jeune journaliste se rendit au stand de Gastinne-Renette et commença à s'exercer. Il n'était pas du tout inquiet. Toute l'affaire commençait même à le passionner.

Il tirait, ce jour-là, depuis un quart d'heure, quand il vit entrer Cattau. Continuant à s'exercer, il jeta tout de même un regard vers le banquier qui avait posé sur la tablette du poste voisin du sien deux revolvers à barillet chargés.

Salignac avait, lui aussi, vu entrer le principal créancier de la grande Thérèse, et il l'accueillit d'un grand cri :

– Ciel! M. Cattau ici! C'est le monde à l'envers.

– Mon cher, répondit Cattau, je suis français depuis hier. Alors...

Il ôta son chapeau, prit un revolver, arma le chien et ajusta la cible.

– Français depuis hier! s'exclama Salignac. Félicitations! Vous ne perdez pas de temps : déjà pointilleux sur le chapitre de l'honneur.

Cattau se mit à tirer, rata la cible et se tourna de nouveau vers Salignac :

– Eh oui, que voulez-vous... Paris ne s'est pas fait en un jour.

Il se remit à tirer en même temps que Leplet. Et tous deux ratèrent leur cible. Ils se saluèrent. Leplet fit un signe à Salignac, qui s'approcha aussitôt :

– Demandez-lui ce qu'il pense de la situation des Humbert-Daurignac.

Salignac soupira : les corvées étaient toujours pour lui. Néanmoins, il s'avança, suffisant, vers Cattau qui venait à nouveau de tirer et de rater sa cible.

– Dites donc, mon cher, entre Français on doit se soutenir...

– Que voulez-vous dire? fit le banquier qui s'était toujours méfié de Salignac.

– J'ai quelques « papiers » signés Humbert. Que dois-je en faire?

Cattau avait repris son air de froide ironie. « Décidément, pensait-il, ce Salignac est un imbécile. Il n'est même pas capable de se tenir au courant des derniers événements. »

– S'ils vous embarrassent, ces papiers, vendez-les, dit-il.

– Conseil excellent, fit Salignac. Mais à qui les vendre?

Cattau, qui visait sa cible, demanda négligemment :

– Vous en avez pour combien?

– Cent trente mille francs.

– Je vous les prends.

Et il tira, sortant à peine de leur stupeur Leplet et Salignac qui avaient pâli.

Ce dernier, encore abasourdi, demanda lentement :

– Vous m'achèteriez du papier signé Thérèse Humbert? Mais pourquoi?

Maintenant, le banquier s'amusait franchement :

– Disons, pour vous rendre service. Entre Français, n'est-ce pas...

Mais Leplet, lui, ne s'amusait plus du tout. Il y avait

là, pour lui, quelque chose d'inquiétant. Ce Cattau était loin d'être un imbécile, et s'il faisait de nouveau confiance aux Humbert-Daurignac, c'était suspect.

– Pardon, monsieur, dit Leplet. Vous lisez les journaux?

– Les journaux du monde entier, répondit le banquier en souriant. Les pages financières, bien entendu.

Le journaliste fut en partie rassuré :

– Alors, dit-il, vous n'avez peut-être pas lu cette remarquable série d'articles parus ces temps derniers dans *Le Matin*?

« Pauvre petit sot! se dit Cattau. Tu écris bien mal pour un Français à part entière. Et quelle présomption! Quel aveuglement! »

– Jeune homme, dit-il, bien que français depuis hier seulement, je ne suis pas né de la dernière pluie.

Leplet le détestait, ce Français tout neuf et arrogant qui avait l'air mieux informé que lui.

– Soyez plus explicite, dit-il.

– Ces articles sont financés par les Crawford, avança Cattau.

– Qui a dit cela? fit Leplet au comble de la rage.

Il ne pouvait deviner que c'étaient les Humbert-Daurignac eux-mêmes qui avaient fait courir ce bruit.

– Mais tout le monde, répondit Cattau. Tout le monde, et moi avec.

– Et moi, monsieur, je vous jure bien que tout le monde a tort, et vous avec, comme vous dites.

Le banquier ne s'amusait plus; il avait l'orgueil chatouilleux depuis qu'il s'était fait naturaliser.

– Monsieur, dit-il avec raideur, nous sommes manifestement trop inexpérimentés pour pousser plus loin cette conversation. Je vous salue.

Il remit son haut-de-forme gris, chaussa les pistolets par la gâchette et alla les rendre à l'employé de Gastinne-Renette. Mais Salignac, qui avait assisté à l'entretien avec le plus vif intérêt, le suivit. Tout avait basculé pour l'ami d'enfance de Romain : Leplet était un petit imbécile qui avait voulu l'entraîner dans une affaire boueuse. Cattau était plus adulte, plus expérimenté, plus intelligent.

– Mon bon Cattau, dit-il, rappelez-vous : je vous ai toujours soutenu. Même quand vous n'étiez pas encore français, je vous trouvais déjà sympathique. Et puis, ne l'oubliez pas : je suis dreyfusard...

– Et alors? fit le banquier avec humeur. Je ne vois pas où vous voulez en venir.

– Je sais, s'embourba Salignac, on prétend que je suis avec l'affreux Guérin à la Ligue antijuive, mais ce sont des ragots.

– Venez-en au fait, dit Cattau.

Salignac eut un sourire contraint; son long nez plongea vers sa bouche, ses petits yeux ronds restèrent fixes.

– Pourquoi achèteriez-vous du papier Humbert? fit-il en baissant la voix.

– Etes-vous vendeur, oui ou non?

– Mon cher, dit Salignac en reprenant un ton normal, si vous êtes acheteur, je ne suis plus vendeur. Mais pourquoi êtes-vous acheteur? C'est ce qui m'intéresse.

– Etes-vous inscrit à la Ligue des patriotes? demanda Cattau.

Salignac parut un instant désarçonné, puis son visage s'éclaira :

– Ah! je vois! fit-il. Comptez sur moi, mon cher. Comptez sur moi...

Le banquier l'entraîna vers la porte :

– J'ai reçu..., commença-t-il.

Mais il s'interrompit quand il vit que Leplet écoutait.

– C'est mon associé, le rassura Salignac. Il est lui aussi inscrit à la Ligue des patriotes.

Cattau s'avança vers le journaliste et lui serra la main :

– Enchanté, dit-il. Léopold Elie Cattau, banquier.

(Leplet resta froid; il n'avait pas digéré la leçon de Cattau. Ce dernier expliqua enfin à Salignac :) Hier, j'étais vendeur, comme vous. Je songeais même à intenter un procès à la famille Humbert-Daurignac. Mais ce matin j'ai reçu par écrit une offre d'achat sur toute ma créance Humbert.

– Et de qui, cette offre? demanda Salignac.

– Des Crawford, bien entendu.

Ainsi, Thérèse avait corsé les choses, comme d'habitude. Et cela, malgré la réticence de Frédéric et de Romain. Elle prétendait qu'un bluff timide était le meilleur moyen de susciter la réflexion de l'ennemi. Mais devant « la grosse cavalerie », l'ennemi cessait de réfléchir, il capitulait. Si elle avait fait simplement courir le bruit que les Crawford étaient derrière les articles du *Matin,* ses créanciers se seraient méfiés de ces potins. Mais en faisant écrire à Cattau et à quelques autres prêteurs par les intermédiaires officiels des Crawford, elle jouait gros jeu. Et gagnait. Car malgré sa rouerie, le banquier ne songeait plus à se méfier d'un tel coup de théâtre. C'était trop énorme pour que ce fût du vent.

D'abord stupéfait, Salignac laissa bientôt éclater sa colère contre Leplet, qu'il apostropha vertement :

– Alors, monsieur je-sais-tout, que dites-vous de cela?

Impressionné mais de plus en plus méfiant, le journaliste s'adressa à Cattau :

– Vous avez la lettre?

Ce fut Salignac qui répondit :

– Vous, vous avez intérêt à vous exercer sur une cible vivante. Dire que j'ai failli vous croire et rompre avec mes amis les plus chers!

– Vous avez la lettre? insista Leplet.

Salignac insistait aussi :

– Leplet, vous auriez également intérêt à prendre quelques leçons d'escrime. Et ne comptez plus sur moi pour vous servir de témoin. (Avant de sortir, l'ami d'enfance de Romain se tourna de nouveau vers le banquier :) Cher Cattau, comptez sur moi pour ce que vous savez...

Cattau sourit suavement : la faiblesse humaine était un spectacle amusant. Et ce petit journaliste qui continuait de le harceler ne l'était pas moins.

– Pourrais-je, sans vous offenser, jeter un coup d'œil sur cette lettre? demanda Leplet.

– Voyons, monsieur, respectez les usages! Tout ce que je peux vous dire, c'est que cette lettre m'a été envoyée par M. Alphonse Maury, l'un des courtiers les plus honorablement connus sur la place de Paris.

– Mais alors, ce n'est pas une lettre des Crawford!

De nouveau, le sourire suave du banquier traversa son beau visage mat :

– Monsieur, videz-vous vous-même vos eaux sales ou avez-vous du personnel pour le faire?

– Comment savez-vous que ce Maury vide les pots des Crawford?

– Qui a donc intérêt à acheter du papier signé Humbert sinon les adversaires des Humbert-Daurignac? expliqua patiemment Cattau.

– Et pourquoi donc? (L'aveuglement et la bêtise de Leplet écœuraient le banquier, qui ne prit même pas la peine de répondre. Mais l'autre insista :) Vous allez leur vendre?

Cattau eut une moue méprisante :

– Décidément, jeune homme, vous êtes aussi piètre financier que mauvais tireur.

Cattau ne voulut pas perdre de temps. Les Crawford lui faisaient une offre, mais la grande Thérèse avait besoin d'argent, plus que jamais. Et les autres prêteurs seraient sans doute moins rapides et moins audacieux que lui. Il allait à son tour lancer un gros coup en jouant quitte ou double.

Dès qu'il fut sorti de chez Gastinne-Renette, il se dirigea vers l'hôtel Humbert, où il se présenta une demi-heure plus tard. M. André l'introduisit presque aussitôt dans le bureau de Thérèse.

Craignant le pire, Frédéric avait tenu à assister à l'entretien.

Cattau avança un chiffre : une reconnaissance de dettes de dix millions pour une créance de cinq. Thérèse elle-même avait blêmi. Quant à Frédéric, il était résolu à refuser.

– Vous nous étranglez, dit-elle.

Le banquier resta impassible; il avait la certitude de jouer en toute sécurité.

– Quel vilain mot, souligna-t-il. Je fais des affaires, c'est tout. Si vous refusez, je m'adresserai à Alphonse Maury qui m'a proposé de racheter la créance Humbert pour le compte de certains Américains...

– Ce Maury n'est qu'un pâle intermédiaire, protesta Frédéric qui était ivre d'angoisse : Thérèse était allée trop loin.

– Je sais, dit Cattau. C'est la raison pour laquelle je suis ici. En fait, je suis le seul à vous soutenir aveuglément.

– Détrompez-vous, affirma Thérèse avec un aplomb retrouvé. Ce Maury a écrit à tous mes créanciers. Tous ont eu l'élégance de venir jusqu'ici et tous ont choisi le camp français contre les Américains. Mais, Dieu merci, tous n'ont pas vos exigences...

Son assurance n'était qu'apparente. Cattau, qui la connaissait bien, avait deviné la fragilité sous la désinvolture.

– Je sais, madame, dit-il. La profession est hélas encombrée par des amateurs. Résultat : les prisons et les fosses communes sont remplies de ces banquiers sans expérience. Je ne suis pas de ceux qui se pendent. Vos vitres n'ont rien à craindre de la douleur et de la fureur de ma femme. Je préfère de loin faire pendre les autres.

Thérèse était songeuse : elle était acculée, les autres prêteurs ne l'aideraient plus; ils étaient moins joueurs sans doute, moins riches et surtout moins crapules que ce Cattau.

– Soit, j'accepte, dit-elle.

Frédéric tint à la mettre en garde :

– Thérèse, il s'agit là d'un intérêt de cent pour cent.

Mais peu lui importait à elle puisqu'ils ne pourraient pas rembourser, de toute façon. Elle s'installa derrière son bureau et se mit à signer les feuillets que lui tendait Cattau. Sans les avoir lus. Puis ses lourdes paupières tombèrent sur ses yeux, comme des volets; comme s'ils la protégeaient du monde extérieur; comme s'ils pouvaient effacer la réalité de ces créances.

– Cattau, dit-elle lentement, pourriez-vous me faire un prêt aux mêmes conditions?

De nouveau Frédéric intervint; il était horrifié :

– Je t'en prie! Nous n'avons pas besoin d'argent! Nous allons bientôt...

Mais, d'un geste, Thérèse le fit taire. Cet argent, il le lui fallait pour continuer à faire tourner l'hôtel.

D'un gros portefeuille, le banquier sortit quelques liasses de billets et s'excusa :

– Madame, je suis venu tout nu. Je n'ai que trois cent mille francs...

– Je vous signe donc un billet pour six cent mille francs, dit Thérèse froidement.

Frédéric eut la sensation que son cœur se déchirait, comme lorsqu'on fait une chute vertigineuse.

10

A la Bourse de Paris, à l'heure de la cotation, Louis Leplet se fraya un passage dans la foule pour s'avancer vers un courtier qui hurlait en compagnie d'une trentaine de confrères. Ce courtier était Alphonse Maury, l'intermédiaire qui avait reçu des ordres des prétendus Crawford. Un homme de paille qui ignorait évidemment qu'il travaillait pour les Humbert-Daurignac, comme l'ignorait Me Parmentier qui avait lui-même mandaté Maury.

Leplet ôta son chapeau et passa un mouchoir sur son vaste front dégarni. C'est alors que surgit Philippe de Véricœur, qui bouscula le journaliste avec fureur :

– Ah! vous, Leplet! Vous n'aurez que ce que je vous laisserai!

Véricœur entraîna Maury vers la corbeille et le coinça contre une colonne.

– Que voulez-vous? balbutia le courtier affolé.

Philippe de Véricœur était rouge et essoufflé comme s'il avait couru un cent mètres.

– J'hésite, dit-il. J'ai envie de vous casser les côtes avec ma canne, mais je serais également ravi d'enfoncer mon épée dans votre gros ventre.

Le visage flasque et blême de Maury se mit à trembler; ses yeux protubérants semblaient vouloir sortir de leur prison, comme si une puissante poussée intérieure les propulsait vers le vide.

– Nous pourrions peut-être discuter dans mon bureau? proposa-t-il.
– Inutile, fit Véricœur. J'attendrai votre explication ici.
En fait, l'ancien prétendant de Marie avait reçu, comme Cattau et quelques autres, une lettre de ce Maury lui proposant d'acheter la totalité de la créance Humbert. Mais quand Véricœur avait répondu qu'il acceptait, Maury lui avait fait savoir qu'il n'était plus acheteur.
– Je ne suis qu'un intermédiaire, se défendit Alphonse Maury. J'obéis aux ordres qu'on me donne.
– Soit, dit Véricœur. Supprimons les intermédiaires!
Il brandissait sa canne-épée, il était effrayant. Maury s'écrasait contre la colonne; il tenta d'expliquer :
– Vous avez trop tardé à vendre, voilà!
– Le nom et l'adresse de votre client capricieux. Vite!
– J'ai été mandaté par Me Parmentier, notaire au Havre...
– Et Me Parmentier était mandaté par qui?
– Ce n'est un secret pour personne : Me Parmentier représente en France les intérêts Crawford.
– L'adresse des Crawford? Vite!
Maury était de plus en plus affolé. Il se tourna vers Leplet, espérant un vague secours, mais le journaliste avait sorti son calepin et prenait des notes. Lui aussi attendait l'adresse des Crawford.
– Alors, cette adresse! menaça Véricœur.
– Même si je la connaissais, balbutia Maury, le secret professionnel...
Mais Philippe de Véricœur était prêt à tout : il brandit sa canne-épée, résolu à en frapper le courtier.
– Arrêtez! cria Maury. La voici : 1202 Broadway, New York.
– Parfait, dit Véricœur avec un regard pour Leplet

qui avait noté l'adresse. Je vous le laisse. Avec le mode d'emploi, ajouta-t-il en agitant sa canne-épée.

Mais Leplet n'avait plus de temps à perdre avec Maury. Il fila à son journal pour communiquer l'adresse new-yorkaise des Crawford à son rédacteur en chef. Puis il téléphona à quelques grands hôtels où il était passé dans la matinée, achetant un ou deux grooms dans chacun d'eux afin qu'on le prévînt dès qu'arriveraient les Crawford. Pour l'instant, il n'y avait rien à signaler.

Leplet avait téléphoné un peu trop tôt. Car une demi-heure plus tard, à la nuit tombante, devant l'hôtel *Ritz,* un fiacre s'arrêta. Le chasseur se précipita, trois grooms le suivant. Au fond de la voiture se tenaient Emile et Romain, grimés, barbus, enveloppés de houppelandes et coiffés de chapeaux à larges bords.

Emile paraissait réellement malade et Romain dut l'aider à descendre de la voiture; puis il le guida vers l'hôtel où ils s'engouffrèrent dans le tambour de la porte. Ils filèrent vers leurs chambres sans laisser au chef du personnel la possibilité de leur dire un mot. Mais le petit groom que Leplet avait acheté ne perdit pas de temps. Il téléphona aussitôt au *Matin,* demanda Leplet et lui annonça que les Crawford étaient arrivés. Le journaliste crut qu'il allait enfin triompher.

Cependant, la comédie ne faisait que commencer, orchestrée par Thérèse qui était restée sagement dans un appartement loué, rue Cambon, d'où elle tirait les ficelles. Elle avait envoyé Frédéric et Me Dumort, accompagnés d'un huissier, guetter l'arrivée des Crawford.

Frédéric avait conseillé au notaire et à l'huissier d'attendre dehors, face à l'hôtel, afin de ne pas manquer l'entrée des Américains.

Dès que ceux-ci étaient descendus du fiacre, Frédéric avait pris le bras de Dumort :

– Ce sont eux.

Et Dumort avait ordonné à l'huissier de faire son travail.

– Laissons-leur le temps de s'installer, avait objecté Frédéric.

– Et s'ils arguent du fait que le soleil est couché? avait remarqué l'huissier.

– Soyez sans crainte. Ils ne connaissent pas la loi française.

L'huissier entra donc au *Ritz* quelques minutes après l'arrivée de Romain et d'Emile. Le luxe du décor l'éblouit. Dans son costume noir lustré, il traversa le hall sous les regards d'un couple très élégant qui buvait du thé dans une ambiance feutrée. La femme portait une robe de velours bleu nuit : épaules larges, manches à gigot, taille étranglée et jupe longue, à peine évasée. Sur la tête : une simple aigrette. L'homme était en redingote gris foncé sur un gilet blanc de chez Charvet. Tous deux suivirent d'un œil amusé la sombre silhouette de l'huissier, qui se planta devant la réception et demanda :

– MM. Robert et Henry Crawford, je vous prie.

– Ils ne sont pas à l'hôtel, monsieur, répondit le réceptionniste. S'il s'agit de courrier, je peux le leur faire parvenir...

– Il ne s'agit pas de courrier ordinaire. Je suis Me Legris, officier ministériel.

Le réceptionniste se renfrogna :

– Désolé. J'ai reçu des ordres stricts. Ces messieurs sont là incognito.

L'huissier devint menaçant :

– Si vous tentez de faire obstacle à la marche de la justice...

– Non, dit l'autre, résigné. Chambres 348 et 350.

Triomphant, l'huissier se dirigea vers l'escalier et monta jusqu'au troisième étage. Devant les deux portes des Crawford, il vit le panneau : « Ne pas déranger », mais frappa néanmoins. Sans succès. Il insista. La porte du 350 s'entrouvrit à peine. De l'intérieur, la grosse voix de Romain agressa l'huissier :

– *What do you want?*
– Monsieur Crawford?
– *Yes. What do you want?* répéta Romain.
L'huissier, qui ne comprenait pas l'anglais, tendit alors le papier bleu, qu'une main attrapa avant de refermer violemment la porte.
La comédie tourna alors à la farce. Saisissant leur houppelande et leur chapeau à large bord, les frères Crawford, Romain en tête, Emile haletant, dévalèrent l'escalier en hurlant quelques phrases en anglais, débouchèrent sur la conciergerie, lancèrent leur clé sur un comptoir et se précipitèrent vers la sortie réservée au personnel.
– Sauvés! fit Romain en reprenant sa respiration.
Puis il arracha sa barbe, enleva son chapeau et pressa Emile d'en faire autant.
Après avoir traversé la rue Cambon, ils s'engouffrèrent dans un immeuble qui faisait face à l'hôtel. Mais ils ne virent pas le fiacre qui débouchait dans la rue et qui amenait Leplet au *Ritz*. Un Leplet tout souriant, dont le visage se transforma bientôt en poire flétrie, le réceptionniste lui ayant annoncé que MM. Robert et Henry Crawford ne faisaient plus partie de la clientèle.
Incrédule, le journaliste insista :
– On vient de me téléphoner qu'ils étaient à peine arrivés.
– Désolé, monsieur. Ils sont déjà partis.
Leplet se mit à errer dans le hall de l'hôtel, à la recherche du groom qu'il avait acheté et qu'il trouva près de la porte à tambour.
– Vous me devez encore cent sous, dit l'adolescent.
Leplet lui jeta l'argent :
– Où sont-ils?
– Sortis par la rue Cambon.
– De quoi ont-ils l'air?
– D'Américains, monsieur.
Mais Leplet ne l'écoutait plus; il était déjà dans la

rue. Or, dans cette rue Cambon, il n'y avait que des passants anonymes.

– Ils ne peuvent pas être bien loin, avança le groom qui avait suivi le journaliste.

Romain et Emile se trouvaient en effet à quelques mètres de là, dans l'escalier d'un immeuble bourgeois en pierre de taille. L'appartement que les Humbert-Daurignac avaient loué, au troisième étage, était discret, cossu et très clair. Il servait à Frédéric d'atelier et à Thérèse de refuge quand leurs créanciers devenaient harcelants.

Romain entra avec sa clé, un sourire traversant sa large figure, comme un défi. Assise dans un fauteuil Louis XVI, Thérèse attendait calmement dans une robe noire très stricte, qu'éclairait un gros collier de perles. Près de la fenêtre, Frédéric avait installé son chevalet et peignait une nature morte.

– Alors? fit Thérèse.

– *All right!* répondit Romain.

Emile était livide, au bord de la nausée. Il s'effondra dans une bergère.

– Parfait, conclut Thérèse. La matérialité physique des Crawford a été constatée aujourd'hui par voie d'huissier. Nous sommes sauvés.

– Mais pour combien de temps? fit placidement Frédéric en continuant à peindre.

11

Au journal *Le Matin,* il y eut un hurlement quand, en réponse aux renseignements demandés à New York sur les locataires du 1202 Broadway, la bande télégraphique fut remise à Louis Leplet. L'immeuble correspondant à cette adresse hébergeait actuellement... l'armée du Salut.

Fou de joie et d'excitation, le journaliste se précipita au marbre et fit stopper la composition de la « une ».

– J'en ai besoin pour un article important, dit-il. Il me faut huit « col (1) », un gros titre et un chapeau.

– C'est un peu tard, protesta le secrétaire de rédaction.

– Non. Tu casses tout. Gros titre : « Les Crawford à l'armée du Salut. » Tu as compris?

L'autre fit non de la tête. Alors Leplet prit la peine de lui expliquer que toute la « mythologie Crawford » venait de s'écrouler pour une simple question de domicile légal.

Il se mit à rire frénétiquement, puis il se reprit et courut vers son bureau :

– Il n'est pas encore onze heures, dit-il. Avant minuit, tu auras ton papier.

(1) Abréviation de « colonnes » en argot journalistique.

A cette heure-là, les Dumort étaient à l'Opéra, dans la loge des Humbert-Daurignac. Le rideau venait de descendre sur le laboratoire de Faust. Les lorgnettes se dressaient et les regards, sous les lumières perdues dans le vide immense, fouillaient la salle de pourpre et d'or.

L'amphithéâtre courbait amplement au-dessus du parterre sa guirlande de diamants, de fleurs, de chevelures, de dentelles et de satin. On reconnaissait aux avant-scènes Jean Casimir-Perier, l'ex-président de la République; Marcelin Berthelot, le savant; Waldeck-Rousseau, le président du Conseil; Claude Debussy dont le *Pelléas et Mélisande* venait de déclencher une véritable bataille à l'Opéra-Comique.

La taille cambrée dans son fourreau de satin, la joue sur l'épaule, Germaine Dumort regardait tout comme une enfant émerveillée. Mais son mari paraissait distrait. Elle s'inquiéta :

– Jules, tu t'ennuies?

– Mais non, mais non. Je réfléchis.

– C'est beau, dit-elle.

– Oui, oui, c'est beau.

– Tout le monde regarde par ici. Crois-tu qu'on ait pu me prendre pour Mme Humbert?

– Mais non.

– Et pourquoi pas? fit-elle, vexée.

– Parce que Mme Humbert n'occupe jamais cette loge. Tout le monde sait qu'elle déteste l'Opéra.

Germaine Dumort regarda encore les épaules nues et les têtes étincelantes des femmes, les cravates blanches des hommes, puis elle demanda :

– Ça coûte combien?

– Quoi?

– Une loge à l'année.

– Je ne sais pas, répondit Dumort visiblement agacé. Mille, deux mille...

– Me du Buit va plaider demain?

– Oui.

– Pour elle?

– Oui.

– Tu lui as prêté combien? Je veux dire : en tout?

– Cesse donc de parler de prêt quand il s'agit de placement! répliqua Dumort qui voulait se convaincre du bien-fondé de ses propos.

Il ne pouvait chasser l'angoisse qui le saisissait dès qu'il pensait aux créanciers de Thérèse Humbert. Car ceux-ci commençaient à montrer les dents. Et il ne pouvait s'empêcher d'admirer cette femme qui avait une sorte de génie pour se sortir des situations les plus scabreuses. Ainsi, tout récemment, un huissier s'était présenté au 65 de l'avenue de la Grande-Armée, porteur d'une très grosse créance. Mme Humbert, qui n'était pas en mesure de payer (ou qui refusait de le faire), avait sollicité des délais et essayé d'attendrir l'huissier. Mais ce dernier s'était montré impitoyable. Commençant à instrumenter, il avait alors subi une crise de désespoir de la grande Thérèse qui, arrachant son collier de perles, l'avait lancé sur le tapis en clamant : « Eh bien, saisissez-le, il vaut cinquante mille francs! »

Mais, dans cette crise de rage, Mme Humbert avait pris la peine de casser le fil du collier qui, ainsi brisé, avait répandu ses perles dans toute la pièce. Accroupi, l'officier ministériel s'était fait un devoir de ramasser ces perles sous les fauteuils, les consoles, les encoignures et les tapis. Un temps considérable s'était écoulé avant qu'il pût retrouver une partie des petites billes blanches. Et brusquement, Thérèse avait ordonné qu'il interrompît ses recherches. Avec un cynisme souriant, elle avait montré à l'huissier la pendule du salon qui venait de sonner dix-huit heures. C'était, en ce jour d'avril, l'heure du coucher du soleil.

Sans réplique, l'officier ministériel avait été mis promptement à la porte, et le lendemain la grande Thérèse commençait une nouvelle procédure qui paralysait la première.

Dumort prit les lorgnettes que sa femme lui tendait et regarda, debout dans une avant-scène, long et mince dans son frac rutilant, le président du Conseil, Waldeck-Rousseau. Le notaire se sentit rougir. C'était pour lui le rappel d'un très mauvais souvenir : celui d'un assez lointain procès intenté à Mme Humbert par un créancier défendu par Waldeck-Rousseau qui n'était alors qu'avocat. Ce dernier n'avait pas mâché ses mots, déclarant en plein prétoire qu'il tenait cette affaire d'héritage pour « la plus grande escroquerie du siècle ». Or, tout cela venait d'être repris par le journaliste Louis Leplet dans un article du *Matin.*

Le lendemain, Dumort se rendit au Palais où devait plaider du Buit dans l'affaire Philippe de Véricœur contre Thérèse Humbert. Véricœur était assisté par Me Rousseau, le propre fils du ministre de la Justice; ce qui avait rempli la salle et échauffé les esprits. Les plus subtils en riaient : Frédéric Humbert n'était-il pas, lui aussi, le fils d'un ancien garde des Sceaux?

Mais Dumort, lui, ne riait pas. Assis à côté de Me du Buit, il écoutait l'acte d'accusation avec une grande irritation. C'était une misérable affaire de trois cent mille francs dont Philippe de Véricœur exigeait le recouvrement immédiat.

Me du Buit put établir très vite que cette somme était le produit d'intérêts à caractère usuraire et que, en conséquence, Mme Humbert ne devait rien. Me Rousseau, d'ailleurs, ne releva pas. Mais, sournoisement, avec un petit air innocent, il demanda à la Cour la communication de l'adresse exacte de Robert et de Henry Crawford.

– 1202 Broadway à New York, répondit maître du Buit.

Me Rousseau parut alors frappé de stupeur.

– Je m'étonne, dit-il après un long silence, que des millionnaires américains aient élu domicile à l'armée du Salut. Car nous avons le compte rendu d'un lieutenant de police de New York, établissant que le 1202 Broadway est le siège de l'armée du Salut.

Les rires fusèrent dans la salle, gagnant le tribunal et le président. A peine plus pâle, Me du Buit se leva et dit :

– Tout cela établit parfaitement la duplicité des frères Crawford à l'égard de ma cliente, mais n'éclaire en rien le différend entre les parties en présence.

Sortant un journal de sa serviette, Me Rousseau le brandit afin que le tribunal pût en voir les gros titres de la première page. C'était l'article de Louis Leplet dans *Le Matin.*

– Sur huit colonnes, dit-il, cet article raconte comment les soi-disant Crawford, lors de leur dernier passage à Paris, semblaient sortis d'une revue de Rip plutôt que d'un palace de Londres ou de New York.

Les rires reprirent de plus belle, que le président eut du mal à calmer. Me du Buit était de plus en plus pâle et Me Dumort de plus en plus rouge de colère. Pour ce dernier, la coupe était pleine. Il voulait en finir une fois pour toutes avec ces insinuations grossières. Quoi! Non content d'être en proie à la duplicité maladive des Crawford, il fallait également faire face à l'impudence des usuriers, à la mauvaise foi des journalistes et à celle d'un fils de ministre. Aussi souffla-t-il à Me du Buit de déclencher l'opération finale, celle qu'ils avaient ensemble envisagée la veille.

Me du Buit se dressa donc et déclara avec mépris que, face à tant de bassesses, dûment mandaté par sa cliente, il exigeait sur sa demande un inventaire du coffre-fort de l'hôtel Humbert, au jour et à l'heure qui conviendraient au président.

Cette fois, ce fut un lourd silence qui frappa la salle pendant près d'une minute. Puis quand ce coup d'éclat eut été enfin digéré, ce fut un cri de protestation du président :

– Il n'est pas nécessaire, dit-il. La véritable adresse des Crawford suffira.

– Je ne représente pas les Crawford, je représente Mme Humbert, répliqua Me du Buit avec hauteur.

Brusquement affolés, Me Rousseau et son client se mirent à réclamer leurs trois cent mille francs. Mais du Buit ne les écoutait pas : il les tenait. Ils avaient douté de Mme Humbert, eh bien, ils allaient voir...

– Hommes de peu de foi, conclut-il avec un trémolo dans la voix, nous allons vous en montrer de l'honneur, et du meilleur : cent millions en bons du Trésor à quatre pour cent!

Le procès s'acheva dans la confusion, et Dumort dut affronter les journalistes avant de pouvoir se précipiter hors de la première Chambre correctionnelle, hors du Palais, et filer à l'hôtel Humbert. Où M. André l'accueillit avec sa morgue habituelle :

– Je vais annoncer Monsieur à Madame. Si Monsieur veut bien...

– Ça va, je connais le chemin, protesta Dumort en s'élançant dans l'escalier.

A l'entrée du grand salon, il croisa Thérèse, habillée pour sortir : robe de soie parme et chapeau assorti.

Elle releva sa voilette, mais continua d'enfiler ses gants

– Cher ami! Quelle bonne surprise! J'allais sortir...

– Madame, auriez-vous oublié que ce matin nous passions devant la première Chambre correctionnelle? Pour cette ridicule affaire, avec ce désagréable personnage!

– Philippe de Véricœur? Il vous a fait des misères? fit Thérèse en allant vers un miroir pour vérifier sa toilette.

– Je viens vous rendre compte, madame...

– Inutile, mon bon Dumort. Je vous fais toute confiance, ainsi qu'au bâtonnier du Buit.

Dumort restait confondu par tant d'inconscience.

– Madame, je vous en prie! (Etonnée par le ton, Thérèse se tourna vers le notaire dont le visage était encore crispé et rouge.) Madame, nous venons, Me du

Buit et moi-même, de prendre une initiative capitale mais de nature à faire cesser tous les bruits calomnieux.

– Oh! vous savez, j'ai l'habitude, dit-elle avec un petit sourire désabusé. Je plaide depuis vingt ans.

– Je vous supplie, madame, de m'écouter.

Cette fois, elle perçut l'accent dramatique du notaire :

– C'est si grave que ça, mon bon Dumort?

– Oui, fit-il dans un souffle.

Elle se résigna, sans trop s'inquiéter, appela Eve et Marie et leur dit de sortir sans elle.

Quand les jeunes filles furent parties, Dumort s'assit, puis se releva aussitôt parce qu'il était encore trop bouleversé. C'est donc debout qu'il fit à Thérèse le rapport complet de la séance à laquelle il avait assisté et participé.

Quand il arriva à la fin, à la demande par Me du Buit de l'ouverture du coffre-fort et d'un inventaire, il guetta sur le visage de Mme Humbert une réaction. Mais ce visage resta impassible. Alors, dans une sorte d'allégresse, il ajouta :

– Je sais combien l'idée même de cette action doit froisser votre modestie naturelle, combien cette ouverture intempestive et publique est contraire à la pudeur, mais quoi! Face à de si sordides adversaires, ne faut-il pas un jour ou l'autre consentir à se battre et à les écraser avec leurs propres armes?

Thérèse se disait depuis vingt ans qu'elle gagnerait toujours, que la chance ne l'abandonnerait pas, qu'elle saurait faire face à toutes les situations. Mais celle-ci était imparable. Il fallait donc savoir perdre avec panache sans pour autant avouer. Tant qu'il lui resterait un souffle, elle nierait toute culpabilité, elle se défendrait comme une lionne. Pour l'instant, elle venait de perdre une manche, mais la partie n'était pas jouée et rien n'était encore désespéré.

– Vous avez bien fait, dit-elle d'une voix suave. Merci.

Le visage de Dumort s'éclaira d'un vrai sourire.
– Ah! j'en étais sûr! Je savais que vous approuveriez cette initiative.
– Et quand vont-ils opérer? demanda-t-elle négligemment.
– En accord avec la partie adverse et le président, Me du Buit a obtenu le plus grand de tous : Me Levérieux, président de la Chambre des huissiers de France.
– Eh bien! fit Thérèse, sincèrement admirative.
– Ils ne pouvaient faire moins, remarqua Dumort sans aucune ironie.
– Et quand ce Levérieux viendra-t-il?
– Dans trois jours. Le 9 mai à quatorze heures.
Ainsi, elle avait trois jours pour se retourner; pour trouver une solution.
– Parfait, dit-elle.
– N'est-ce pas? fit Dumort qui semblait ravi. J'ai informé la meute des journalistes présents à l'audience de votre décision. Cette fois encore, vous aurez droit à la une, mais quelle revanche! Je me sauve, chère amie. Je cours chez Levérieux pour qu'il agisse avec le maximum de discrétion et de célérité.
Il lui baisa la main, puis elle se retrouva seule, enfin. Elle se laissa tomber dans un fauteuil, comme matraquée. Toute la volonté qu'elle avait appelée à la rescousse pour faire bonne figure devant Dumort semblait s'échapper d'elle pour la laisser inerte.
Elle resta un moment immobile, la tête dans ses mains, avec le sentiment d'être tout à fait seule et nue. Puis elle se ressaisit et alla vivement jusqu'à la fenêtre, qu'elle ouvrit. Apercevant Dumort qui, un haut-de-forme posé crânement sur sa tête, traversait la rue, elle l'appela. Il se retourna et la salua d'un joyeux coup de chapeau avant de s'éloigner.
Alors Thérèse referma la fenêtre et sonna M. André, qui se présenta aussitôt :
– Tout le monde sur le pont, dit-elle. (Et, comme il n'avait pas l'air de comprendre, elle précisa :) Convo-

quez toute la famille dans la cuisine, le plus vite possible.

Seule Camille, la femme d'Emile, n'était pas descendue. Elle était allée passer quelques jours auprès de sa mère qui souffrait de rhumatismes et qui pouvait à peine se lever.

Thérèse exposa les faits; ils étaient brefs, sombres. Et incontestables. On ne pouvait plus lutter avec les mêmes armes; il fallait trouver autre chose.

Romain déclara aussitôt qu'il n'y fallait pas songer. On ne pouvait plus lutter, point.

Frédéric se montra plus nuancé :

– On pourrait peut-être s'opposer à l'ouverture du coffre-fort. L'article...

– Non! coupa Emile. Il faudrait recommencer à jouer le rôle des Crawford. Non!

Thérèse lui demanda de se taire : elle réfléchissait. Marie et Eve s'ennuyaient sans même faire l'effort de mesurer l'ampleur de la catastrophe.

– J'ai faim, dit soudain Romain. Nous pourrions peut-être manger quelque chose tout en réfléchissant.

– Bonne idée, approuva Marie qui se leva pour aller préparer un plat de charcuterie.

Romain fila à la cave et ramena quelques bouteilles de bon vin.

– Ça aide, dit-il. Ça m'a toujours aidé dans les moments difficiles.

Ils se servirent, se restaurèrent, burent copieusement, et peu à peu retrouvèrent la gaieté et l'insouciance d'autrefois, quand les créanciers et les huissiers ne les menaçaient pas aussi vigoureusement.

– Les Crawford sont éternels, dit soudain Thérèse en reprenant du saucisson. Ils peuvent encore servir; il suffirait de les mettre à une autre sauce.

– Je vois très bien ce genre de sauce, protesta Romain. Elle est indigeste, elle ne passerait pas. Non.

Il faut fuir. Loin du coffre-fort, loin des huissiers et des avocats, nous réfléchirons mieux.

– Que peuvent-ils contre nous? dit encore Thérèse. Nous étions de bonne foi. Eh oui...

– Ne sois pas trop excessive, ma douce, glissa Frédéric. Ils ne croiront plus jamais à ta bonne foi. Tu es allée trop loin.

Elle se fit servir un verre de vin par Romain.

– Ce qu'il faut, dit-elle, ce n'est plus se défendre mais attaquer. Les attaquer tous : les Véricœur, les Cattau, les Salignac, les Leplet...

– Je suis malade, gémit Emile. J'ai dû trop boire.

– Attaquer? ricana Romain. Nous n'avons plus d'armes...

La conversation se poursuivit encore un moment, richement arrosée. Vers onze heures du soir, ils étaient tous très fatigués et n'avaient pas encore trouvé la solution idéale.

Thérèse se retira la première. Elle monta dans sa chambre et dormit quelques heures. Puis, très tôt dans la matinée, elle pria et prit sa décision. Elle ouvrit une armoire, en sortit un gros portefeuille bourré de billets de banque, et sonna M. André.

En robe de chambre de crêpe de Chine rose Tiepolo, elle conseilla alors à son homme de confiance de prendre sa journée :

– Je n'aurai pas besoin de vous.

– Que Madame m'excuse, mais je n'aime pas les sorties impromptues.

Elle lui tendit une liasse de billets de banque :

– Faites-moi plaisir, monsieur André, partagez cela avec le personnel.

M. André prit l'argent, remercia et s'en fut. Il avait compris.

12

La veille de l'ouverture du coffre-fort, qui devait avoir lieu le 9 mai, les journalistes montèrent la garde devant et derrière l'hôtel Humbert où rien d'anormal ne semblait se passer.

Le lendemain, dès le début de la matinée, la foule était si dense qu'il était difficile de s'y glisser. Quelques malins étaient accrochés aux réverbères, d'autres agglutinés sur le toit d'un fiacre. Mais tout ce monde était tenu à distance respectueuse de la porte d'entrée par des gendarmes à pied et à cheval.

A treize heures trente, deux fiacres purent s'approcher, aidés par les gendarmes. Du premier descendirent Me du Buit et Me Dumort; du second, Me Rousseau et Philippe de Véricœur. Ils ne se parlèrent pas et se tinrent au pied de la grille.

Essayant de fendre la foule, Louis Salignac fut refoulé par un gendarme. Louis Leplet, qui se tenait près de ses confrères, vers l'entrée de service, lui fit un petit salut ironique.

Deux nouveaux fiacres arrivèrent, d'où descendirent un commissaire de police et deux agents. Puis ce fut le tour de Me Levérieux, de ses deux assesseurs et du président du tribunal.

Me Levérieux avait un long corps sans épaisseur, le président était une petite boule blanc et noir. Quelques quolibets furent lancés, quelques rires fusèrent, qui s'arrêtèrent dès que le groupe, Dumort et Levérieux en tête, s'avança vers la grille. L'un des assesseurs sonna, et la porte s'ouvrit.

– Entrez! cria un homme perché sur le toit du fiacre. Entrez et vous verrez!

– Pour les dessous de table, c'est permanent! lança un autre.

Mais le groupe était déjà dans le vestibule, face à M. André.

– Mme Humbert? demanda Levérieux.

– Elle n'est pas là, répondit M. André.

– Où est-elle?

– Aux Vives-Eaux.

– Et Monsieur?

– Avec Madame.

Dumort, qui avait perdu toute allégresse, intervint :

– Et M. Daurignac?

– Lequel? fit M. André.

– Romain.

– Je l'ignore, maître.

– Emile?

– Je l'ignore également, maître. Mais Madame m'a demandé de faire patienter ces messieurs en cas de retard de sa part.

Dumort se refusait à perdre tout espoir. Il proposa aux autres d'entrer au salon pour attendre.

– Patientons, consentit Levérieux. Patientons. (M. André, qui les avait suivis, leur proposa quelques rafraîchissements. Mais Levérieux refusa brutalement :) Il ne s'agit pas d'une visite de courtoisie.

– Je préférerais, dit à voix basse Philippe de Véricœur à son avocat.

Les deux hommes se tenaient à l'écart du groupe, et Me Rousseau, qui n'était jamais venu chez les Humbert, admirait les statuettes de terre cuite élevées sur des colonnettes, et les groupes de vieux saxe. Sur un socle, garni de bronze précieux : le buste en marbre d'une jeune princesse déguisée en Diane, la poitrine superbe sous le drapé audacieux.

– Pour des parvenus, dit-il, ils possèdent tout de même quelques belles choses.

– Frédéric Humbert n'est pas un parvenu, corrigea Véricœur. C'est un artiste. Et un « second rôle » redoutable. La grande Thérèse se sert de lui merveilleusement.

Au bout d'une heure, ils commencèrent tous à s'impatienter, et Véricœur alla ouvrir une fenêtre. Dans la rue, la foule perdait patience, elle aussi. Dieu merci, il faisait doux, et le ciel était parfois déchiré par un faisceau de soleil.

Que faisaient les Humbert-Daurignac? Jusque-là, personne, dans le grand salon, n'avait osé poser la question. Le premier, maître Levérieux se révolta :

– C'est insensé, dit-il. Je n'ai jamais vu cela.

Son monocle tremblait, coincé entre ses paupières et le haut de son nez interminable.

– Je dois avouer que je suis inquiet, dit Dumort.

Le président leva son double menton irrémédiable :

– Vous pouvez l'être.

Mais Dumort ne se laissa pas intimider :

– Si je suis inquiet, monsieur, c'est pour la santé de Mme Humbert.

Levérieux demanda que l'on sonnât le « valet ».

– Il s'agit de l'homme de confiance de Mme Humbert, rectifia Dumort.

– Encore mieux! ricana Levérieux.

M. André reparut, un sourire ironique dansant dans ses yeux clairs :

– Ces messieurs veulent-ils du champagne? Une collation?

Levérieux fit non de la tête. Puis :

– Que vous a dit exactement Mme Humbert?

– Rien. Si ce n'est de vous faire patienter. Elle ne saurait tarder.

Mais Levérieux estimait que la farce n'avait que trop duré. Ces Humbert se moquaient de lui.

– Messieurs, dit-il en se tournant vers les autres,

nous ne saurions attendre davantage sans porter atteinte à la dignité de nos fonctions. (Puis il revint à M. André :) Conduisez-nous au coffre! fit-il avec emphase.

Les autres approuvèrent et se levèrent.

– Si ces messieurs veulent bien me suivre, fit M. André.

Ils montèrent en silence jusqu'à la chambre des Humbert, tandis que, dans l'avenue de la Grande-Armée, la rumeur devenait plus forte.

Le banquier Cattau venait de fendre la foule pour rejoindre le coin des journalistes, qui le considéraient avec curiosité : Léopold Cattau était sans doute le créancier le plus important de la grande Thérèse.

Ils virent soudain la porte s'ouvrir et se précipitèrent pour apercevoir le commissaire monter dans un fiacre.

– Je n'ai rien à dire! fit le policier. Rien. Laissez-nous démarrer!

– Je me demande ce qu'ils font là-haut, dit Leplet à l'un de ses confrères du *Figaro.* Même s'ils comptent les bons du Trésor, il ne faut pas une heure et demie...

Mais là-haut, ils n'en étaient pas là! Ils venaient d'entrer dans une chambre presque noire, rideaux baissés, volets fermés.

– Ouvrez-moi tout cela immédiatement! ordonna Levérieux.

M. André était réticent : il s'agissait de la chambre de ses patrons. Dumort dut intervenir et ouvrir lui-même rideaux et volets. En apercevant la foule, en bas, le notaire eut un mouvement de recul.

Le coffre-fort était enfin visible, impressionnant, majestueux.

– Beau morceau, apprécia Me Rousseau.

Levérieux se tourna vers M. André :

– Ouvrez-le!

– Pardon?

– Vous m'avez très bien entendu. Ouvrez immédiatement ce coffre!

– Mais monsieur, je ne peux pas! protesta M. André.

Levérieux avait perdu toute patience : il s'en prit à du Buit et à Dumort :

– Messieurs, faites-moi ouvrir ce coffre afin que je puisse dresser un inventaire de son contenu.

– Cher ami, s'excusa Dumort, je n'en ai pas la possibilité.

– Vous voulez faire obstacle à la bonne marche de la justice? insinua Levérieux.

– Il ne s'agit pas de cela. Mais je ne vois pas..., s'enferra Dumort.

Levérieux se tourna de nouveau vers M. André et lui demanda s'il connaissait la combinaison du coffre.

– J'ai toute la confiance qu'un homme de confiance peut attendre de ses maîtres, répondit M. André qui était normand.

Levérieux, lui, était au bord de la crise de nerfs :

– Je n'en peux plus, suffoqua-t-il en se laissant tomber sur le lit.

M. André se montra profondément choqué :

– Permettez, monsieur, le lit de Madame et de Monsieur...

C'était trop. Levérieux l'insulta et resta assis sur le lit.

– On se fout de nous! répéta-t-il.

Philippe de Véricœur approuva :

– C'est vrai : on se fout de nous.

Me du Buit essaya d'apaiser les esprits, sans trop de conviction :

– Messieurs, du calme! Il s'agit d'un contretemps fâcheux, mais tout cela va s'arranger.

– Et comment? fit Levérieux. Voyez-vous une solution?

Il était évident pour tout le monde que, une fois de plus, la grande Thérèse se lançait dans un numéro de haute voltige et tenait les spectateurs en haleine. Mais aujourd'hui, elle prenait le risque de se rompre le cou.

L'entrée du commissaire, qui était allé quérir le préfet de police, mobilisa soudain l'attention.

– Où est Lépine? demanda Dumort.

– Il monte, il monte, répondit le commissaire. Mais il est très populaire, cet homme-là!

Dumort ne comprit pas l'ironie de la dernière phrase, il était beaucoup trop inquiet. Car en bas, malgré la protection des gendarmes, la foule s'était précipitée sur le préfet de police qu'elle avait aussitôt reconnu. Une voix avait lancé :

– Tiens, c'est le père Lépine qui vient voir sa copine!

Ce qui avait rendu Lépine d'une humeur exécrable car, depuis quelque temps, il se défendait farouchement d'être un familier de la grande Thérèse. « C'est tout juste, disait-il, si je la connais. »

Quand il pénétra enfin dans l'hôtel Humbert, il était hors de lui. Le commissaire et Dumort vinrent le chercher dans le hall pour le conduire jusqu'à la chambre de Thérèse.

– Emile Daurignac n'a pas paru depuis deux jours à *La Rente viagère de Paris,* dit le commissaire à Dumort.

Ce qui acheva le malheureux notaire.

– Il doit être aux Vives-Eaux, dit-il d'un ton mourant.

– Il y a décidément foule aux Vives-Eaux, constata Me du Buit. Comme d'habitude.

Lépine, qui regardait le coffre imposant et clos, se retourna vivement :

– Que voulez-vous dire?

L'avocat ne répondit pas. Il regardait Véricœur s'avancer vers le coffre, tirer un pistolet de sa poche et viser la combinaison.

– Rappelez-vous, dit l'ancien prétendant de Marie au préfet. Le petit oiseau va sortir...

Lépine, qui ne se rappelait que trop bien la séance de photographie aux Vives-Eaux, s'affola :

– Vous êtes fou! Dehors! Dehors!

Le président protesta :

– M. de Véricœur est le plaignant, voyons!

Mais Lépine hurlait :

– Dehors! Nous ne tolérons dans cette pièce que des officiers ministériels dûment mandés. Sinon, c'est l'anarchie!

Philippe de Véricœur n'avait pas pour autant rangé son arme. Il se tourna vers le préfet :

– Permettez...

– Sortez-le! cria Lépine d'une voix hystérique.

La tension était telle que le commissaire dut appeler deux agents, qui entraînèrent Véricœur hors de la pièce.

– Gardez-le à vue dans le boudoir, ordonna le policier.

Me Rousseau tenta en vain de s'interposer :

– C'est un déni de justice! Je prendrai des mesures...

Cependant, Dumort et le juge s'étaient précipités vers Lépine pour le calmer et obtenir que Philippe de Véricœur assistât à l'ouverture du coffre.

– Soit, accepta le préfet. Mais qu'il se débarrasse de son revolver! Et qu'il se taise!

Levérieux, qui n'avait pas bougé mais dont le monocle avait glissé, posait sur les autres un regard errant.

– Il faut agir, dit-il. Il faut trouver une solution. Tout cela devient absurde.

Ils s'étaient tous rapprochés du coffre, et Lépine, qui avait trop chaud, venait d'enlever sa redingote et son chapeau.

– Il faut le forcer, proposa le commissaire.

– Vous n'y songez pas! protesta Dumort.

– Je représente les intérêts de Mme Humbert... commença Me du Buit, et je...

– Et moi, coupa Lépine, je représente la France! Commissaire, forcez ce coffre et vite!

Le commissaire prit un air penaud :

– Avec la meilleure volonté, je ne saurais pas.

– Alors, trouvez quelqu'un, nom de Dieu! fit Lépine. N'importe qui!

Le commissaire ne voyait qu'un homme qui pût rapidement forcer ce coffre : un professionnel, un as, mais hélas, un professionnel hors la loi.

Il redescendit le somptueux escalier de l'hôtel Humbert, ses deux agents sur les talons, et fendit de nouveau la foule qui ne s'était pas découragée mais qui devenait hostile. Quand il monta dans son fiacre, ce n'étaient plus des quolibets qui lui étaient adressés, mais des menaces. Fou de rage, le commissaire se fit conduire à la Santé.

Les formalités furent compliquées en raison de la résistance du directeur de la prison. Le commissaire dut téléphoner à l'hôtel Humbert et demander le préfet de police pour que celui-ci vînt parler au directeur et obtînt l'autorisation de faire sortir pour une heure un certain Louis Lacoste, dit P'tit Louis, perceur de coffres-forts expérimenté, qui purgeait une peine de deux ans. C'était un costaud débonnaire d'une quarantaine d'années, qui avait l'accent de Belleville et des tatouages sur les bras et sur la poitrine.

On lui fit mettre une tenue convenable de grosse toile bleue. Et, ravi de cette petite balade qui lui permettait de respirer l'air vicié de son cher Paris, il n'arrêta pas de bavarder pendant le trajet de la Santé à l'avenue de la Grande-Armée. Quand il descendit du fiacre, il salua comme une vedette de théâtre cette foule qui ne comprenait rien aux allées et venues du commissaire et ne savait pas pourquoi cet ouvrier, que le policier tenait par le bras, était frappé d'hilarité.

Dès qu'il fut dans la chambre de Thérèse, Louis Lacoste déballa ses outils et se mit au travail sous les regards passionnés du groupe. Seul Dumort se tenait à l'écart, sombre, désespéré.

Levérieux avait finalement accepté les « rafraîchissements » proposés par M. André. Une coupe de champagne à la main, il restait planté derrière Louis Lacoste :

– Alors, c'est pour aujourd'hui ou pour demain, mon brave?

Lacoste se redressa, l'œil mauvais :

– C'est pas une tirelire, protesta-t-il. Faut le temps. Faut y aller en douceur. Et puis quoi, moi j'ai pas l'habitude de travailler dans ces conditions-là. Ça me gêne, quoi. Je veux que personne me regarde. Seulement le commissaire pour me passer les outils. Faut que les autres partent!

Et, pour bien prouver que, dans cette opération, il était le maître, il jeta au sol sa chignole.

– C'est impossible! s'emporta Lépine. Je dois être présent.

– Puisque c'est comme ça... fit Louis Lacoste en tendant ses poignets au commissaire, je préfère rentrer. Merci pour la balade.

A nouveau, on dut calmer Lépine qui finit par consentir à aller attendre dans le boudoir avec le groupe.

– Je proteste! fit Dumort qui avait l'impression de vivre un cauchemar. Cette effraction... Ces méthodes...

– Oui, oui, dit Lépine. J'en prends note.

L'attente dura une vingtaine de minutes. Dans le boudoir ne restaient que Me Dumort et Me du Buit. Tous les autres se promenaient dans l'hôtel, admirant un vase ici, critiquant un tableau là, buvant du champagne, fumant, comme dans les coulisses d'un théâtre.

Soudain, le commissaire ouvrit la porte de la chambre et annonça :

– C'est fait!

Tout le monde se précipita, Lépine en tête, qui avait remis sa redingote et son chapeau.

Louis Lacoste n'était pas mécontent de lui. Il regarda « son monde » d'un œil clair et goguenard, puis il montra le coffre :

– Juste un petit tour et vous ouvrez. J' peux pas rester pour voir?

Mais le commissaire l'entraîna aussitôt vers la porte et le remit entre les mains des deux agents tandis que Levérieux s'avançait vers le coffre, clé en main :

– C'est à moi, messieurs, que revient l'honneur...

Il engagea la clé et tourna un coup. Mais le commissaire intervint :

– Non, non, maître, comme ça vous refermez...

Levérieux tourna la clé de l'autre côté, et la porte du coffre s'ouvrit enfin, lentement, sans le moindre bruit.

Il était dix-sept heures quinze.

Dans un silence de mort, toutes les têtes se penchèrent vers les entrailles de ce coffre dont tout Paris, toute la France avaient parlé pendant vingt ans...

Sur la tablette où auraient dû reposer les cent millions des Crawford, il n'y avait qu'un vieux journal (un numéro du *Gaulois*), un sou italien et... un bouton de culotte.

– Nom de Dieu! fit Lépine, qui se tourna aussitôt vers son voisin Dumort, aussi pâle qu'on peut l'être.

Déjà, Philippe de Véricœur courait vers la fenêtre, l'ouvrait et criait :

– Il est vide! Le coffre est vide!

Alors la foule se mit à hurler, s'agita, délira. On s'accrochait à la grille, on riait, on levait les bras vers la fenêtre de la chambre de la grande Thérèse, où le coffre était vide. On plaisantait... Et Véricœur était fasciné par cette marée humaine qui manifestait sa joie.

Lépine se précipita, referma la fenêtre et agrippa Véricœur :

– Vous êtes fou! Vous voulez provoquer une émeute!

Mais c'était plutôt une fête. Une grande fête cynique

et folle, que les gendarmes essayaient, à coups de bâton blanc, de faire cesser. Cette nouvelle : « Le coffre est vide », allait bientôt secouer la France entière d'un rire homérique. On ne pensait plus aux victimes. On admirait la grande Thérèse.

– Elle avait du génie, cette femme-là! cria un journaliste. On devrait lui élever une statue!

– Oui, répondit Alfred Capus qui passait par là. Une statue dans la cour du Dépôt!

– A bas l'argent! cria un royaliste. A bas la République! Vive le Roi!

– A bas l'argent! cria un socialiste. Vive la Sociale!

Et pendant ce temps, Lépine hurlait des ordres au commissaire :

– Les scellés! Les Vives-Eaux, *La Rente viagère de Paris,* partout les scellés!

Il dut se baisser pour ne pas être atteint par les pierres qui étaient lancées dans les vitres de la chambre. Puis il envoya le commissaire et ses deux agents seconder les gendarmes qui, dans la rue, essayaient de refouler les royalistes et les amis de la Sociale qui s'empoignaient.

C'était la débâcle. Pris dans le tourbillon, Louis Leplet aperçut Me Dumort qui sortait de l'hôtel Humbert, pâle comme un mort et soutenu par Me du Buit. Le journaliste parvint à se dégager et à suivre le notaire qui s'engouffra dans un fiacre. Mais à peine Dumort avait-il donné un ordre au cocher que Leplet sautait dans la voiture et claquait la porte sur lui.

Le notaire s'affola :

– Que me voulez-vous?

– Je suis Louis Leplet, reporter au *Matin.*

– Descendez ou j'appelle la police!

– La police n'a rien à voir avec moi, maître. Je n'ai qu'une question à vous poser : vos impressions sur l'affaire Humbert?

– Il n'y a pas d'affaire Humbert et je n'ai rien à vous dire. Descendez!

– Que pensez-vous de ce coffre vide et de l'absence de votre cliente?

Dumort était si bouleversé qu'il sortit de sa poche le minuscule pistolet qui ne le quittait pas depuis qu'il habitait Paris; depuis qu'il devait se défendre contre les menaces des créanciers de Thérèse Humbert.

Il braqua le pistolet sur Leplet :

– Jeune homme, si vous me citez dans votre torchon, si vous me mêlez à cette campagne de basse calomnie...

Il avait les larmes aux yeux, il ne se contrôlait plus. Mais Leplet tenait bon :

– Reconnaissez au moins qu'il ne s'agit pas de calomnie!

– Je vous tuerai, monsieur. Je vais vous tuer...

Leplet fut impressionné : Dumort était menaçant, mais il était surtout désespéré.

– Maître, reprenez-vous, je vous en prie.

Mais Dumort avait envie de faire un coup d'éclat pour se débarrasser de ce poids qui comprimait sa poitrine, de cette boule qui obstruait sa gorge.

Il prit Leplet par les revers de sa redingote :

– Ce sont des gredins de votre espèce qui ont causé ce malheur. Dehors! Sinon... Et n'oubliez pas : si vous citez mon nom, je vous tuerai!

Leplet comprit que Dumort était fou de chagrin et qu'il était capable du pire. Il chercha la poignée de la portière, et au moment où il la saisissait, il sentit que Dumort le poussait de toutes ses forces.

13

« Où sont les Humbert-Daurignac? » se demandaient les Parisiens. Car il était bien évident qu'ils ne s'étaient pas réfugiés aux Vives-Eaux. On pensait généralement qu'ils avaient fui en Argentine. L'une des nombreuses chansons que l'affaire Humbert avait fait fleurir le disait même dans son refrain.

Curieusement, la police ne semblait pas pressée de lancer un avis de recherche, et pour l'instant la justice restait muette. Seul le peuple de Paris continuait de ricaner en chansons. Aux carrefours, les musiciens des rues chantaient la complainte de la grande Thérèse :

Ma grande Thérèse,
On va vivre à l'aise,
On a des millions
Et des picaillons.
Tout notre pécule
N'est pas dans la lune
Car à tire-larigot
T'as pris celui des gogos!

Aucun écho de la famille Humbert-Daurignac qui semblait s'être volatilisée, comme si elle n'avait jamais eu plus de réalité que Robert et Henry Crawford et leurs cent millions.

Dans un autre quartier, c'était une autre chanson, mais le thème restait le même :

Parisiens, écoutez la nouvelle,
Ecoutez bien :
La mère Humbert s'est fait la belle
Avec son bien.
Les filous, les marlous d' la finance,
Les notaires, les banquiers,
Les escrocs
Plus le gouverneur d' la
Banque de France
Croqu' le marmot.
Ils avaient tous compté
Dans leur simplicité
Qu'en prêtant à Thérèse
Ils seraient tous à l'aise
A des taux d'intérêt
Beaucoup plus que coquets
Trois cents pour cent de l'an
Nom de Dieu qu' c'est tentant...
Mais voilà, la Thérèse
Les a tous mis à sec,
Tous ces juifs, ces Gobseck,
Leur fraîche, ils l'ont perdue.
Le coffre, qui l'eût cru,
Etait vide, et Thérèse,
Les arpions bien au frais,
Sirot' son Vichy-fraise...
Parisiens, écoutez la nouvelle,
Ecoutez bien,
Le journal Le Matin *vous*
l'amène
Chaque matin :
Les Humbert ont rejoint
L'Argentine,
L' cabinet est tombé dans
Les choux,
Ils ont fait la nique
A M'sieur Lépine,
Tant mieux pour nous.

La famille Humbert-Daurignac n'était ni en Argentine, ni en Australie, ni en Italie. Elle avait émigré à Madrid dans un grand appartement loué sous un nom à peine déguisé : Humberto.

Elle vivait confortablement grâce aux bénéfices réalisés par *La Rente viagère de Paris.* Elle ne se cachait pas, mais restait tout de même discrète, sans aucune activité. Aussi les journées paraissaient-elles longues à Thérèse qui, pendant vingt ans, s'était dépensée sans compter, tenue en haleine par ses transactions illicites.

Le plus souvent, elle restait dans cet appartement sombre, calme et triste, auquel on accédait par un large escalier à rampe de fer, où les pas et la toux sonnaient comme sous une voûte d'église. Les pièces étaient vastes et hautes, dans lesquelles se perdaient quelques vieux meubles de bois sombre et trapu, et le demi-jour (obtenu par les jalousies filtrant le soleil d'Espagne) n'était peuplé que par les personnages des tapisseries dont on apercevait vaguement les grands corps blêmes. Les sièges de chêne n'étaient recouverts que d'un peu d'étoupe; les lits, d'étoffes rigides.

Seule la chambre de Marie, au dernier étage, sous les toits, était agréable mais chaude. La fenêtre s'ouvrait si grand que le ciel avec tous ses rayons, tout son air, tout son bleu, semblait s'y engouffrer. C'est là que se tenait le plus souvent la jeune fille, qui dévorait des romans.

Tous les autres sortaient, se promenaient, découvraient la ville, et racontaient ensuite à Thérèse ce qui les avait émerveillés. Mais cet enthousiasme n'était pas contagieux.

Etendue dans son grand lit, Mme Humbert lisait et relisait les vieux journaux de Paris, et rêvassait, nostalgique et amère.

Ce mardi-là ressemblait comme un frère aux autres jours quand Frédéric entra dans la chambre. Il y découvrit une femme pâle, alanguie, avec de grands creux d'ombre au-dessous des yeux.

– Tu n'as pas bonne mine, ma douce. Tu devrais te lever et marcher un peu. Le soleil te donnerait des couleurs.

Elle haussa les épaules :

– Tu as les journaux?

Il déplia *Le Figaro* :

– Aujourd'hui, plus rien : ni en première, ni en seconde, ni en troisième page. Juste un petit article d'un certain Leroy-Beaulieu, expert en placements, qui regrette que tu n'aies pas consacré ton génie financier à promouvoir des entreprises honnêtes.

– L'imbécile! soupira Thérèse. Qui nous aurait confié des fonds pour des entreprises honnêtes? Et où aurait été le plaisir?

– Vraiment, tu ne veux pas te lever? fit Frédéric en s'asseyant au bord du lit.

Elle répondit non, appuya sa tête pâle sur l'oreiller et dit doucement :

– Lis-moi la presse, mon grand.

– Je t'ai tout lu. Il n'y a rien d'autre aujourd'hui.

– Alors lis-moi les vieux journaux; l'article de Louis Leplet où il parle de la plus grande escroquerie du siècle.

– Mais tu le connais par cœur, cet article!

Il fouilla néanmoins dans la pile de vieux journaux posés au pied du lit, et tendit à Thérèse un numéro du *Matin*, daté six mois plus tôt.

Eloignant le journal de ses yeux (sa vue commençait à baisser), Thérèse examina attentivement sa photographie.

– Pas fameux, dit-elle. Ils auraient pu en choisir une autre.

– Debout, génie de la finance! fit Frédéric. Viens admirer les beaux ciels d'Espagne.

Mais Thérèse se cacha la tête sous l'oreiller, ce qui agaça son mari.

– Je ne te comprends pas, dit-il. Tu nous annonces

un jour que tout est fini grâce à la caisse de *La Rente viagère de Paris.* Nous rejoignons sans difficulté nos économies en Espagne, tout va bien, la police française nous cherche en Argentine et en Australie, tout le monde est content, sauf toi! Tu restes couchée toute la journée, tu geins et tu nous gâches notre plaisir...

– Quel plaisir? fit Thérèse.

– Nous sommes libres. Et magnifiquement installés.

– Magnifiquement, c'est beaucoup dire!

– Mais nous avons de quoi vivre!

– Comme des clients de *La Rente viagère de Paris.* Comme des petits rentiers d'Espagne qui ont envie de visiter l'Italie.

– Allez, Thérèse, debout! Ça suffit maintenant!

Mais il ne s'agissait pas d'un caprice : la grande Thérèse était réellement déprimée et ne supportait pas sa petite vie confortable. Elle avait vécu dangereusement, dans le faste, dans la folie et la prodigalité, dans une tension qui la dopait, lui donnait cette autorité et ce dynamisme dont elle avait besoin pour se sentir heureuse. On l'admirait, on la critiquait, on la blâmait, on la brocardait, et elle *existait.* Mais aujourd'hui, elle se sentait désespérément vide, elle craquait.

– Ne crie pas, dit-elle en pleurant. Je suis si malheureuse! Je m'ennuie tellement! Rentrons, mon grand, rentrons!

– Rentrer? Mais où ça?

– Chez nous, Frédéric. A Paris!

Il la regardait, médusé, quand Marie entra, suivie d'Emile, que sa femme avait refusé d'accompagner en Espagne. Thérèse attira sa jeune sœur sur le lit :

– Marie, ma chérie, qu'est-ce qu'on fait ici? Dis-moi!

– On vit, Thérèse. On vit!

– Et tu ne t'ennuies pas?

– Oh non! dit Marie. C'était à Paris que je m'ennuyais. Tout le temps! Je t'en prie, Thérèse, lève-toi. Je voudrais aller au bal, mais Emile dit que, sans toi comme chaperon, je ne pourrai pas, et Eve non plus. Lève-toi, accompagne-nous, ça te fera du bien. Et ça me fera tellement plaisir!

« La famille, se dit Thérèse, la famille c'est tout de même très bien malgré l'exil, malgré le vide, malgré l'ennui. »

Elle se leva :

– Si ça fait plaisir à tout le monde...

Ils allèrent à un thé dansant, dans la périphérie de Madrid. Au centre d'un parc, sous une immense véranda, l'endroit était élégant, discret, et l'orchestre typiquement espagnol.

En toilettes claires et légères, Thérèse, sa sœur et sa fille suivirent Frédéric, Romain et Emile qui cherchaient une table libre. Toute la famille affichait un air joyeux, sauf Thérèse dont les yeux clairs reflétaient une sorte d'apaisement désolé.

Le maître d'hôtel les installa près d'une énorme plante verte, assez loin de l'orchestre qui jouait un pasodoble. A peine étaient-elles assises que Marie et Eve furent invitées par deux jeunes hommes extrêmement courtois, deux beaux ténébreux. L'esprit ailleurs, Thérèse regardait Romain dont la saine et féroce gaieté l'agaçait un peu.

– Il me semble que tu as du noir sur le nez, dit-il pour plaisanter.

– C'est sûrement faux, fit-elle avec un haussement d'épaule.

Elle releva tout de même sa voilette et prit un miroir dans son sac. Ce qu'elle vit derrière elle la pétrifia.

– Frédéric, fit-elle à voix basse.

– Quoi?

– A trois tables derrière nous, mais plus près de la piste, regarde...

Frédéric, qui était assis en face de sa femme, tendit le cou et aperçut un jeune homme élégant, blond, le front un peu dégarni, qui lisait un journal, seul, en sirotant son thé. C'était Paul Deschanel.

– Ils l'ont envoyé, dit Thérèse.

– Qui?
– Eux.
– Eux?
– Nos créanciers. Nos avocats, les notaires, les huissiers...
– Et pour quoi faire? demanda placidement Frédéric.
– Négocier.
– Négocier quoi?
– Un arrangement.

Elle était repartie dans son rêve... Elle avait d'ailleurs toujours préféré la fiction à un réel encombrant ou ennuyeux. Mais, bien que ses propos pussent paraître un peu fous, ils étaient fondés sur cette certitude : la police et la justice françaises n'avaient pas fait grand-chose pour retrouver les Humbert-Daurignac. Les policiers et les magistrats avaient maintenant la conviction que Thérèse et sa famille vivaient à Madrid puisque l'ambassadeur de France, Patenôtre, qui avait été un des familiers des Humbert-Daurignac, avait signalé leur présence. On pouvait donc penser, sans délirer, que la justice française préférait fermer les yeux, de peur qu'une extradition et un procès ne remuent trop de boue et ne compromettent quelques hautes personnalités qui avaient fréquenté chez les Humbert-Daurignac.

De tout cela, Thérèse était confusément consciente, mais son esprit troublé ne savait pas faire la part des choses, et sa façon théâtrale de s'exprimer traduisait une grande confusion. Quant à Frédéric, il se refusait tout simplement à réfléchir au problème. Il était heureux en Espagne; plus exactement, apaisé, serein. Il était inutile de chercher les complications.

– Rentrons, dit-il. Nous parlerons de tout cela à la maison.

Mais Thérèse protesta :

– Tu me supplies de sortir et, une fois dehors, tu veux que je rentre. Décidément, tu n'as pas l'âme d'un chef, mon pauvre Frédéric.

Elle se leva et marcha vivement vers la table de Paul Deschanel, suivie de Frédéric, de Romain et d'Emile.

– Cher ami, dit-elle au jeune homme, quelle surprise!

Deschanel feignit de ne pas la reconnaître :

– Madame... Je vous demande pardon?

– Vous êtes bien Paul Deschanel, le député de Seine-et-Marne?

Il acquiesça, ennuyé. Il savait par Patenôtre que les Humbert-Daurignac étaient à Madrid et il avait espéré ne jamais les rencontrer. Lui non plus ne tenait pas à leur arrestation, à un procès au cours duquel Thérèse et Marie pourraient parler de leur grand ami Paul Deschanel.

Il poursuivit sa comédie :

– A qui ai-je l'honneur?

Thérèse ne comprenait pas, restait figée.

– Thérèse Hum... commença-t-elle.

Mais il la coupa :

– Ah! oui, bien sûr, suis-je bête! Nous nous sommes vus avant-hier au thé de Mme Patenôtre. On y rencontre tellement de monde...

Il s'était levé, avait remis son chapeau et se préparait à partir. Mais Thérèse se planta devant lui et, voyant Marie qui passait près d'elle en dansant, elle la prit par le bras et lui dit à haute voix :

– Marie, regarde qui est là!

Bouleversée, Marie resta un instant sans parler, puis elle quitta son cavalier et se mit à pleurer. Deschanel avait blêmi. Apercevant Frédéric et Romain, il abandonna ses journaux, bouscula les danseurs et s'enfuit.

Thérèse était restée près de la piste. Elle sentait de l'animosité et même de la fureur traverser son corps, lui monter au visage et aux yeux.

– Le salaud! dit-elle. Ah! mon Dieu! tout est fini. Ils ne me reconnaissent même plus. Ils ne veulent plus de nous...

– Tu es folle, dit Romain en essayant de calmer Marie.

Frédéric était, lui aussi, furieux.

– Rentrons! dit-il. Nous discuterons chez nous.

Il prit Thérèse et Marie par le bras et fit signe à Romain de les suivre. Mais Romain s'était rassis.

– J'ai un rendez-vous, dit-il.

– Eh bien, *elle* attendra, répliqua Frédéric. Nous avons quelques problèmes à régler.

– Pas moi, objecta Romain.

– Suivez-nous! insista Frédéric. Est-ce clair?

Romain obtempéra.

– Ce sera la dernière fois, lança-t-il, fou de rage. Les toquées et les poètes, j'en ai par-dessus la tête!

Le retour fut beaucoup moins gai que l'aller. Marie pleurait encore, Thérèse était hébétée; Romain et Eve, furieux; et Frédéric inquiet. Emile suivait.

Frédéric accompagna Thérèse jusqu'à sa chambre et l'installa sur le lit :

– Repose-toi.

– Il faut rentrer! insista-t-elle. Ils disent qu'ils nous cherchent en Argentine parce que ça les arrange! Ils ne veulent plus de nous. Je vais écrire à Lépine.

– C'est cela. En attendant, repose-toi. Nous parlerons plus tard.

Il sortit de la chambre, ferma la porte à clé et rejoignit ses beaux-frères dans le salon où Romain empilait des vêtements dans deux valises.

– Et alors? fit Frédéric en observant le frère préféré de sa femme.

– Alors on se sépare, répondit Romain. On partage et on se sépare. Chacun pour soi. La caisse de *La Rente viagère* pour tous.

Frédéric eut presque envie de le laisser partir : il était las de la grande gueule de Romain, de ses coups de tête, de ses maîtresses vulgaires, de ses plaisanteries douteuses, de son bagou de commis voyageur, Mais il ne pouvait rester seul face à Thérèse et à ses lubies. Romain aurait peut-être un pouvoir sur sa sœur. Et puis il y avait Eve et Marie... C'était trop pour un homme qui adorait rester dans l'ombre.

– Chacun chez soi signifie sans doute que vous partez et que vous me laissez sur les bras le reste de la famille, c'est bien cela? fit-il sans se départir de son calme.

– Je n'ai jamais prétendu être un chef de famille, moi! Mais si je l'étais, je ne laisserais pas ma femme me faire des coups comme ça!

– De quoi avez-vous peur? demanda Frédéric. Si Paul Deschanel avait voulu nous reconnaître, *ils* seraient déjà là.

– Qui? fit Emile qui se tenait près de la fenêtre.

– Les gardes civils, répondit Frédéric.

– On en a déjà croisé un en rentrant, observa Emile.

Frédéric haussa les épaules : ce grand clown triste était vraiment un sot.

– C'est le gardien de l'immeuble, le mari de la gardienne, précisa-t-il.

– Enfin, si Thérèse veut rentrer, c'est qu'elle a un plan, non? fit timidement Emile. Elle a toujours des idées, elle a toujours su retourner les situations, les sauver...

Mais Romain balaya tout cela d'un grand geste théâtral :

– Quel plan? Passer aux assises et en prendre pour vingt ans? Merci. Je n'en suis pas, ajouta-t-il en bouclant ses valises.

– Que faut-il faire alors? demanda Frédéric.

– Lui parler, répondit Emile. Lui faire comprendre...

Romain lui montra la porte de la chambre de Thérèse et prit son frère par le bras :

– Vas-y! Parle-lui! Fais-lui comprendre, toi! Ou alors, laisse faire ton cher beau-frère, la crème des maris, le modèle des pères.

Frédéric comprit avec un peu d'amertume à quel point l'affection que lui avait jusque-là manifestée

Romain était fragile. Il suffisait que Thérèse eût un moment de faiblesse pour que la bonne entente familiale se mît à craquer.

– Messieurs, dit-il, si vous n'avez rien de plus concret à me proposer, je m'en tiendrai à ma propre initiative.

Il jeta la clé de la chambre sur la table. Un silence singulier s'établit. Les trois hommes s'observèrent intensément. Sur le visage de Frédéric s'agitait un pudique désordre; sur celui de Romain, une sorte de joie sauvage; et sur celui d'Emile, une compréhension inhabituelle.

– Enfermée ici ou enfermée là-bas, dit ce dernier, il vaut mieux que ça se passe en famille. Elle sera mieux traitée, non? Les prisons françaises n'ont pas bonne réputation...

Romain ne répondit pas, mais il commença à défaire ses valises. Quant à Frédéric, il retourna à son chevalet où l'attendait une toile vivement colorée qui représentait une vue de l'Escurial.

Thérèse était donc prisonnière. Enfermée par les siens, par ces hommes et ces femmes qu'elle aimait tant, pour lesquels elle avait fait des prodiges. Elle était plus que déçue : amère.

Comme chaque jour, Marie lui apporta son déjeuner sur un plateau. La jeune fille se sentait un peu gênée : la situation la choquait. Elle avait toujours considéré Thérèse comme sa propre mère. Or, on n'enferme pas sa mère; on la respecte, on la choie. On lui voue une reconnaissance aveugle. Mais les autres affirmaient que Thérèse était dangereuse; qu'elle les conduirait en prison; qu'elle était capable d'une montagne de folies.

Marie posa le plateau sur la table, considéra le visage défait de sa sœur et refoula ses larmes.

– Mange! dit-elle.

– Je n'ai pas faim.

– Mange, ça t'aidera. Pourquoi refuses-tu de parler

à Frédéric? (Thérèse ne répondit pas. Elle se leva, tendit la main vers son assiette, prit une aile de poulet et se mit à grignoter pensivement.) Un peu de vin? proposa Marie.

– Si tu veux. Et, sois gentille, va me chercher mes journaux.

– Ceux d'aujourd'hui?

– Non. Les vieux. Tu sais, ceux où il y a ma photo en première page... Oui, j'en suis là, ajouta-t-elle.

Et Marie crut entendre, dans la voix de sa sœur, l'écho d'une déréliction sans remède.

Après avoir remporté le plateau, la jeune fille alla rejoindre les autres dans la salle à manger.

– Alors? demanda Frédéric.

– Ça va mieux. Elle mange.

– Elle mange, fit Romain méprisant. Il faudrait la soigner à grands coups de...

– On se passe fort bien de tes commentaires, trancha Emile.

– Elle a réclamé ses vieux journaux, dit Marie. On les lui donne?

– Oui, dit Frédéric.

Marie demanda à Eve de l'aider : les journaux avaient été relégués au grenier. L'adolescente s'était épanouie, elle avait perdu sa langueur, sa timidité et son air évanescent. En l'observant, Frédéric pensa que si une catastrophe se produisait, on pourrait désormais compter sur Eve.

Il prit Marie à part :

– Et pour ce que je t'ai demandé?

– Non. Elle refuse toujours de te parler, sans explication. Mais il est visible qu'elle t'en veut.

Frédéric ne se laissa pas décourager :

– Elle réclame ses vieux diplômes, dit-il. C'est déjà bon signe.

Mais Frédéric se trompait sur la qualité du signe en question. Thérèse était bien résolue à rentrer à Paris, et pour y parvenir il n'y avait qu'une solution : se faire arrêter par la police espagnole. En demandant à sa sœur ses vieux journaux, elle avait donc une idée précise. Qu'elle entreprit d'exploiter sur-le-champ.

S'emparant d'une paire de ciseaux, elle se mit à découper l'article du *Matin* qui encadrait sa photo. Puis elle posa une pièce d'or dans cette page de journal, qu'elle plia en huit.

La suite était plus délicate, mais Thérèse n'hésita pas. Ouvrant la fenêtre avec précaution pour ne pas alerter la famille, elle se pencha vers la loge du gardien, deux étages plus bas. L'homme était effectivement un garde civil, comme l'avait deviné Emile. Thérèse essaya d'attirer son attention, mais elle avait peur de faire trop de bruit. Alors, elle prit une boulette de mie de pain et la lança vers le garde, qui la reçut en plein front, et leva la tête. Thérèse lui montra la feuille de journal pliée en huit avant de la jeter vers les mains tendues... Réussi!

Le garde ouvrit la feuille, découvrit la pièce d'or, la photo de Thérèse, mais ne comprit pas. La prisonnière entreprit alors un véritable numéro de mime : avec ses mains, elle dessina dans l'espace un bicorne de garde civil. Après quelques instants d'hésitation, le garde alla chercher son chapeau et le mit sur sa tête. Thérèse se frappa la poitrine puis lui désigna le journal et la photo. L'homme, qui avait enfin compris, se jeta dans la rue...

Mais l'initiative de Thérèse était inutile; en fait, elle arrivait trop tard. Car à Paris, sans que les Humbert-Daurignac pussent le pressentir (les journaux restaient à présent discrets), on parlait de nouveau de l'affaire Humbert. Et l'on s'agitait. Pendant sept mois, aucun effort sérieux n'avait été fait pour retrouver les fugitifs qui se promenaient à visage découvert dans Madrid. Ce qui scandalisait quelques politiciens bien informés.

Le 7 décembre 1902, le sénateur Vallé, ministre de la Justice du cabinet Combes, fut interpellé à la Chambre avec une extrême violence. Révoltée par les lois anticléricales, l'opposition nationaliste brandissait le scandale Humbert pour tenter d'ébranler le gouvernement.

Directement menacé, Vallé (qui avait été un avocat de la grande Thérèse) fut donc contraint de demander l'extradition.

Quelque temps plus tard, la famille Humbert-Daurignac fut reconduite à la frontière où la police française en prit livraison.

14

Le voyage en train fut interminable et exténuant. Frédéric Humbert, Emile et Romain Daurignac souffraient d'avoir leurs poignets entravés par des menottes. Mais cette humiliation avait été épargnée à Thérèse, à Marie et à Eve. Sous son chapeau et sa voilette noirs, la grande Thérèse était pâle mais digne.

Le train s'arrêta à l'aube dans une gare de banlieue, à Arpajon, les autorités ayant voulu éviter toute publicité. Thérèse semblait déçue :

– Qu'est-ce qu'on fait là? Pourquoi ne pas aller jusqu'à la gare d'Austerlitz?

– Austerlitz, c'est fini, dit Romain avec un sourire effilé comme une lame de couteau. Maintenant, c'est Waterloo.

Il ne pardonnait pas à Thérèse de les avoir amenés là. Il ne savait pas encore qu'elle n'était pas responsable de leur arrestation.

Un commissaire de police et deux brigadiers montèrent dans le wagon pour « prendre livraison » des prévenus. Thérèse repoussa la main d'un brigadier, qui s'était posée sur son bras.

– Vous agissez bien légèrement, commissaire, dit-elle. Mes relations dans la police et la magistrature...

– Madame, j'ai des ordres, trancha le commissaire.

– Je m'adresserai au préfet, soyez-en sûr...

En descendant du wagon, elle rata une marche, fut

retenue par Marie, et entendit le son d'une fanfare. Aussitôt, son visage s'éclaira et elle eut l'impression que son âme tout entière se détendait.

– Ah! quand même! La musique!

Débouchant d'une rue, un groupe de carabins, accompagnés d'une jeune femme portant un bébé, brandissait une pancarte : « Internat de l'hôpital Saint-Louis ». Le groupe s'installa devant la sortie de la gare et entama cette chanson qui avait été improvisée dans la nuit, sur l'air du *Père Dupanloup* :

La grande Thérèse monte en ballon,
Mais elle avait le bras si long
Qu'à soixant' mètres dans l'atmosphère,
Son bras traînait encore par terre.
Ah ah ah oui vraiment, la grande Thérèse
a le bras long.

La grande Thérèse a des copains
Et quand c'est pas les plus rupins,
C'est qu'ils marchent dans sa combine
Comme dit ce bon vieux père Lépine.
Ah ah ah oui vraiment, la grande Thérèse
est une copine!

Thérèse souriait, presque heureuse. Mais le commissaire et les brigadiers craignant une émeute poussèrent et bousculèrent violemment les prévenus pour les hisser dans le panier à salade.

Les hommes étaient déjà à l'intérieur quand Thérèse monta. C'est alors que la jeune femme au bébé se précipita :

– Touchez mon enfant, Thérèse! Touchez-le! Ça lui portera chance...

Le mythe renaissait, même s'il ne s'agissait ici que d'une plaisanterie de carabins. Thérèse elle aussi renaissait; elle avait recouvré toute son assurance.

Cette assurance ne se démentit pas pendant la durée de l'instruction. Les mensonges éhontés? Thérèse les niait : elle avait toujours été sincère. L'héritage de Robert-Henry Crawford? Il existait bel et bien : elle le prouverait devant le jury et devant le public.

Comme elle l'avait un jour prévu en pensant au pire, elle avait choisi Me Labori, l'avocat de Dreyfus et de Zola, comme défenseur. Mais elle ne se défendait pas, elle attaquait. Là aussi, elle agissait comme elle l'avait toujours préconisé. Et cette méthode se révélait plutôt efficace.

Elle avait pris pour cible son principal créancier : Léopold Cattau. Elle l'accabla, l'accusant d'usure, prouvant qu'il lui avait prêté des sommes importantes à des taux scandaleux.

Le banquier répliqua par une plainte en dénonciation calomnieuse. Après des débats houleux, la neuvième Chambre correctionnelle débouta Léopold Cattau avec des attendus tels que la famille Humbert-Daurignac regagna sa prison dans une atmosphère de triomphe.

Inquiets, les autres créanciers se demandaient s'ils n'avaient pas commis une sottise en doutant d'une femme aussi étonnante.

15

Le roi Edouard VII venait d'arriver à Paris pour jeter les bases de l'Entente cordiale. Mais cette visite était éclaboussée par le procès Humbert-Daurignac qui allait bientôt commencer.

Le dernier acte devait se jouer aux assises, le 8 août 1903, devant une salle comble où l'on reconnaissait des célébrités de tous les milieux.

Ce qu'avaient voulu éviter les magistrats (un procès à sensation) avait donc lieu. Dans les couloirs, les avocats formaient des groupes, supputant l'issue du procès et les peines qui tomberaient.

– Elle prendra le maximum, disait une robe noire.

– Elle a déjà pris soixante millions, répondait-on. Que peut-elle prendre de plus?

– Labori comme défenseur, est-ce bien habile?

– C'est le seul d'entre nous qu'elle ne connaissait pas!

Un journal circulait, *Le Matin,* où s'étalait à la une un nouvel article de Louis Leplet :

Depuis plus de vingt ans, toute la fine fleur des robes noires de Paris et de province plaide et s'agite autour d'un coffre vide et à propos d'une succession fantôme. Ceux-là mêmes que la loi investit du lourd privilège de rendre la justice ont été les acteurs, bénévoles, espérons-le, d'une farce gigantesque dont ils sortent le visage et la robe maculés de farine et le nez rougi à jamais.

Pourtant, ce sont ces mêmes robes noires qui vont juger en toute sérénité Thérèse et sa famille en s'appuyant sur les lois qui ont autorisé les Humbert-Daurignac à gruger pendant vingt ans tous les financiers de France et de Navarre.

Si les robes noires sont les clowns blancs du cirque Humbert et Cie, les financiers en sont les Auguste. Ils ont voulu faire plus et mieux, et c'est leur avidité, leur gloutonnerie qui les ont fait tomber dans le piège. En vérité, qui plaindrait de si étranges victimes?

Non, la farce serait parfaitement drôle s'il n'y avait pas ces milliers de petits rentiers qui errent maintenant, désespérés, devant le siège à jamais clos de la société La Rente viagère de Paris.

Messieurs les juges, messieurs les avocats, messieurs les notaires, maîtres de tous poils et de tous crins, c'est là qu'il faut venir voir les vraies victimes de votre aveuglement. C'est là, messieurs les banquiers, messieurs les financiers, messieurs les hommes d'affaires, qu'il faut venir compter les pertes réelles causées par votre avidité. Demandez donc à un des rentiers de La Rente viagère de Paris *combien il a perdu, il vous le dira au centime près! On va juger Thérèse Humbert et sa famille, soit. Qui jugera ceux qui les jugent?*

D'une certaine manière, Leplet disait vrai; le malaise des magistrats lui donnait raison. Ce procès risquait d'être celui du régime et de tout l'appareil judiciaire. A chaque instant, on pouvait craindre un incident qui mettrait au premier plan des complicités ou des responsabilités officielles. Le souci des magistrats était donc de réduire l'affaire aux proportions d'une banale escroquerie.

Mais Louis Leplet n'assisterait pas à la fin du procès dont on prévoyait qu'il durerait quelques semaines : le journaliste venait d'être nommé correspondant à New York. Ce qui était une brillante promotion.

Le rideau allait se lever sur le dernier acte. Conduite par deux gendarmes et suivie d'une gardienne, Thérèse entra dans la petite salle où attendaient les prévenus. Elle paraissait amincie dans sa robe noire en soie dont la coupe était d'une simplicité hardie.

Elle souleva sa voilette pour saluer son avocat, qui lui baisa la main.

– Madame, je voudrais profiter de ce dernier moment où je vous vois seul à seule...

Thérèse fit signe à la gardienne et dit très vite :

– Arrangez ce volant, sous le bras, voulez-vous? (Puis elle sourit à Me Labori :) Je dois un grand merci à l'Administration pour m'avoir permis de venir ici tranquillement.

– Madame, une seconde d'attention, je vous prie.

– Dix, si vous voulez, maître, ironisa Thérèse en levant le bras pour permettre à la gardienne de coudre sa robe. Qui avons-nous comme président?

– Bonnet, madame. Un homme d'une grande compétence et d'une grande courtoisie.

– Bien! Je ne l'ai jamais vu chez moi, celui-là. Il vient de province sans doute? (Mais elle était beaucoup plus préoccupée par sa robe que par les magistrats qui allaient la juger, se plaignant qu'il n'y eût pas de miroirs et que la République ne fît pas plus d'efforts pour elle que si elle était une simple prévenue.) Comment voulez-vous que le jury croie que je possède cent millions si j'ai l'air d'une chiffonnière? Avez-vous retrouvé la collection de photos des Vives-Eaux?

– Laissons cela, dit Me Labori. Les photos ont disparu, mais ce n'est pas important. Vous ne pouvez pas établir votre défense sur ces seules bases : vos relations avec la crème du monde politique et du monde financier. Si vous insistez dans cette voie, vous récolterez le maximum.

– Je vous fais confiance, maître. Si vous avez réussi à faire gracier Dreyfus, vous arriverez bien à faire acquitter une pauvre femme innocente...

Me Labori, qui pendant l'instruction s'était félicité d'avoir accepté le dossier Humbert, se demandait depuis quelque temps s'il n'allait pas avoir les pires difficultés avec la grande Thérèse. Par moments, elle avait des traits de génie, et puis soudain elle se révélait sotte, confuse, vulgaire. Etrange femme, étrange accusée. Quant au reste de la famille...

Eh bien justement, ils entraient tous, Romain en tête, malheureux et crâneur, Frédéric blême, Marie, l'œil glauque, et Emile accablé. La jeune Eve avait été remise en liberté et confiée à la garde de sa grand-mère, Mme Gustave Humbert.

Seule Thérèse restait sereine :

– Je sais, dit-elle à Labori, j'ai eu tort de partir. J'aurais dû faire face et TOUT dire...

Ce serait désormais son système de défense et Labori allait être contraint de lui donner la réplique.

– Tu verras, dit Romain à Emile, elle va tirer la couverture, comme elle l'a toujours fait.

– Je m'en fous, gémit Emile. J'ai le trac. Mon Dieu, j'ai le trac!

– Vous n'avez rien à craindre, les rassura Thérèse avec un cynisme gouailleur. Quand les Crawford comprendront que je suis dans l'embarras, ils viendront avec les titres.

Les trois coups allaient être frappés et Thérèse s'inquiéta de nouveau de sa toilette, de ses cheveux, de son chapeau, noir comme la robe.

– La voilette baissée ou levée? fit-elle. Levée! C'est plus franc, non? Je n'ai rien à cacher.

– Madame est parfaite, constata la gardienne.

– Merci.

Un huissier ouvrit la porte :

– Dans deux minutes! Dans deux minutes!

Les gendarmes firent lever les Humbert-Daurignac et ajustèrent leur ceinturon.

– Je peux jeter un coup d'œil? demanda Thérèse.

On la laissa entrouvrir la porte qui donnait sur la salle d'audience, et le spectacle de cette salle bondée, avec ses magistrats en robe rouge, ses avocats en robe noire, ses spectateurs excités, l'émerveilla comme un théâtre de marionnettes éblouit une enfant.

– C'est beau! dit-elle. Dieu que c'est beau! Là... Qui est-ce?

– Le jury, madame, répondit le gendarme.

– Et là-haut?

– C'est M. le président et ses assesseurs.

– Il a l'air sévère, dit Thérèse.

Et soudain, du fond de la salle, une voix faubourienne lança :

– Thérèse! Thérèse! Thérèse!

Il y eut quelques échos dans la salle, mais le président frappa un coup de marteau sur son bureau et annonça d'une voix forte :

– Silence! Ou je fais prononcer le huis clos.

– Il n'a pas le droit, murmura Thérèse. Un huis clos!

Le gendarme referma la porte :

– Attention! Ça va être à nous.

Thérèse se tourna vers Marie :

– Surtout ne dis rien. Pleure! Tu es parfaite dans les larmes. Et...

Trois coups de sonnette électrique l'interrompirent.

– M. Frédéric Humbert, appela le gendarme.

Frédéric s'avança vers sa femme et lui tendit ses belles mains; les yeux un peu trop brillants, Thérèse les garda un instant dans les siennes. Ainsi, ils étaient de nouveau unis pour le meilleur et pour le pire.

– Merde, mon grand, dit-elle. Merde!

– Merci, Thérèse.

– On ne dit jamais merci, Frédéric. (Puis elle ajouta très vite :) Laisse-moi faire.

– Mme Thérèse Humbert, annonça le gendarme.

Elle entrait dans l'arène, calme et droite. Résolue à se défendre pied à pied, avec des arguments absurdes s'il le fallait.

D'emblée, elle déclara :

– Je suis la plus malheureuse des femmes de la terre, mais je suis honnête, je parlerai. Et M. l'avocat général changera ses conclusions. Oui, vous les changerez, monsieur l'avocat général. Mme Humbert n'a jamais commis d'escroquerie. Elle n'a jamais fait de faux. Elle était digne d'être la belle-fille de l'ancien garde des Sceaux, M. Gustave Humbert, le plus honnête homme de France.

Puis elle s'assit pour écouter l'acte d'accusation qui dura six heures.

Quand le président commença à interroger Frédéric, Thérèse se leva de nouveau, superbe :

– C'est moi qui ai tout fait, tout. Et j'ai assez de force pour me défendre seule!

C'était généreux, mais cela ne suffisait pas à innocenter Frédéric dont on retrouvait les traces dans trop d'opérations frauduleuses.

Il tenta pourtant de se disculper avec habileté. Digne, courtois, précis, il se rappelait avec brio qu'il avait été avocat et ne dédaignait pas les métaphores :

– Quand on voit nager un chat, dit-il, on n'en conclut pas qu'il est un animal aquatique. Il nage parce qu'on l'a poussé à l'eau. C'est tout mon rôle dans cette affaire.

Ainsi, il n'hésitait pas à laisser le rôle principal à Thérèse, comme elle le lui avait demandé.

Emile fut beaucoup plus maladroit. Revêche, malade d'angoisse, il ergota sans qu'on pût néanmoins le faire avouer. Quant à Marie, paralysée par la peur, elle répondait par monosyllabes à des questions dont le sens lui échappait et elle pleurait comme le lui avait recommandé sa sœur.

Seul Romain paraissait tout à fait à l'aise. Il avait retrouvé sa gaieté et son bagou de commis voyageur. Il niait tout, il ne savait rien, il se présentait comme une victime.

Quand on lui reprocha d'avoir trois ménages, il répliqua :

– Que les hommes qui sont dans cette salle et qui n'ont pas eu plus de trois aventures se lèvent!

Mais la grande vedette, c'était Thérèse. En vain, le

président Bonnet tenta avec une sereine courtoisie de jeter un peu de lumière sur un dossier confus. A chaque question précise, Thérèse répondait à côté ou par des extravagances.

– Où sont les Crawford? lui demandait-on. Où sont les cent millions?

– Les Crawford existent, répondit Thérèse. Ils ont volé mes titres et mon or dans mon coffre. C'est la raison pour laquelle je suis partie avec ma famille pour l'Espagne : j'espérais les retrouver là-bas.

– Et naturellement, les Crawford n'y étaient pas.

– Non. Mais ils vont rentrer à Paris. Ils vont venir révéler un terrifiant secret. Quant aux cent millions, ils seront là, sur le bureau du président, avant la fin des audiences. (Elle n'avait qu'un mérite : elle était obstinée et, d'une certaine manière, courageuse. Mais elle décevait.) J'ai voulu un jury, disait-elle encore, j'ai voulu de braves gens indépendants. Je les ai. Je dirai tout.

– Nous ne demandons pas mieux que de vous croire, reprenait avec patience le président. Où est le château de Marcotte? Où sont les Crawford? Où sont les cent millions?

– Tout cela existe, proclamait Thérèse. Je peux le prouver, mais il me faudrait faire une révélation si effrayante que je ne m'en sens pas le courage.

Après trois audiences, désespérant de venir à bout du dialogue de sourds qu'il poursuivait avec Thérèse Humbert, le président Bonnet décida de procéder à l'appel des soixante-dix témoins.

Un défilé sinistre. Parmi les prêteurs, il y avait ceux qui avaient exigé des intérêts excessifs et qui, n'ayant pas la conscience tranquille, restaient très discrets dans leur déposition; et ceux qui avaient peur de passer pour des gogos en racontant les tours de force de la grande Thérèse auxquels ils s'étaient laissé prendre.

Un certain Joahn déclara froidement qu'il était incapable de dire s'il avait prêté trois ou cinq millions à Mme Humbert. Un autre affirma qu'il ne portait pas plainte parce qu'il y avait encore de l'espoir : il faisait confiance à la grande Thérèse.

Puis le silence tomba sur la salle : Me Dumort venait d'entrer; il s'avançait vers la barre, amaigri, voûté, méconnaissable. Il offrait un spectacle si pathétique que le public retenait son souffle. Me Labori ne lui posa aucune question. Il s'inclina devant cet homme accablé, poursuivi par ses créanciers, ruiné.

Mais quand défilèrent les officiers ministériels qui avaient instrumenté pendant vingt ans pour les Humbert-Daurignac et pour les Crawford, le public se détendit et de nouveau les rires éclatèrent.

Me Parmentier, le notaire des Crawford, expliqua que le fameux procès intenté à ses clients, qu'il n'avait jamais vus (et pour cause), avait été un véritable procès. Cette prodigieuse procédure, fabriquée de main de maître par Frédéric et Thérèse, fut analysée dans tous ses détails. Un chef-d'œuvre. Un chef-d'œuvre très onéreux car l'étude de maître Parmentier avait encaissé trois cent cinquante mille francs d'honoraires pour défendre ses clients fantômes. Ainsi, les invisibles Crawford brothers payaient fort bien!

On riait. On s'étonnait. On admirait. Et pourtant, il était évident que le président Bonnet mettait un frein à tous les témoignages. Les honnêtes gens, qui avaient souhaité que toute la lumière fût faite sur les complaisances troublantes qui s'étaient manifestées à tous les niveaux du monde judiciaire, constataient que cette lumière était plus que tamisée. En vérité, craignant que les accusations pussent retomber sur quelqu'un « de la maison », le président s'en tenait aux faits.

Pendant quatorze audiences, Thérèse s'enferma dans un absurde système de défense, toujours le même : les frères Crawford allaient paraître et déposeraient les cent millions devant les jurés. Et quand on lui opposait un argument précis, elle n'avait plus d'imagination, plus d'invention. Elle se lançait dans le mélodrame :

– Je veux ma voiture pour rentrer chez moi. Je veux le lit où est née ma fille et qu'on n'aurait pas dû vendre...

Le réquisitoire de l'avocat général fut discret, modéré, parfois obscur afin d'éviter de salir des noms célèbres. Puis ce furent les plaidoiries.

On attendait toujours la mystérieuse révélation qui devait anéantir toutes les accusations. Comment Me Labori allait-il s'accommoder du bluff misérable de sa cliente? Il fut brillant, habile, audacieux :

– Supposez, messieurs les jurés, dit-il, que ces cent millions aient une origine honteuse... Supposez que les frères Crawford portent un nom odieux, si odieux que, s'il vous était révélé, vous en fussiez sur-le-champ bouleversés dans vos esprits et dans vos cœurs de citoyens et de patriotes... Obligeriez-vous ma cliente à vous révéler ce nom?

Cette fois, la salle « marchait » et laissait voir son émotion. Mieux : elle était de nouveau fascinée par cette femme, l'accusée, qui se comportait comme une grande actrice.

Pâle, tremblante, Thérèse se pencha vers Me Labori :

– Faut-il le dire?

L'avocat l'encouragea du geste. Alors elle plongea :

– Robert-Henry Crawford ne s'appelait pas Crawford, balbutia-t-elle avant de chanceler comme si elle allait s'évanouir.

– Parlez! supplia Me Labori.

– Son vrai nom est Régner.

Manifestement, personne ne connaissait ce Régner.

– Qui est-ce encore, celui-là? s'étonna Romain.

Thérèse dut répondre. Et s'embourba dans des explications interminables et obscures. Il s'agissait, disait-elle, d'un personnage louche qui, en 1870, avait reçu de l'Allemagne cent millions pour négocier entre Bazaine et Bismarck la capitulation de Metz. Les millions de Robert-Henry Crawford représentaient donc une effroyable trahison.

Alors le tribunal et le public cessèrent définitivement de « marcher ». Il y eut des rires, des quolibets. La montagne accouchait d'une souris. Le mythe Crawford s'écroulait dans la médiocrité.

Le jury se retira pour délibérer. Il y eut encore des questions sans réponse et des responsabilités non définies. Mais le président Bonnet n'insista pas.

Le procès avait duré deux mois. Thérèse Humbert, née Daurignac, déclarée coupable de faux et d'usage de faux, fut condamnée à cinq ans de réclusion; Frédéric Humbert, à la même peine; Romain et Emile Daurignac, respectivement à trois et deux ans de prison. Marie Daurignac fut acquittée.

Cinq ans de réclusion pour une escroquerie de soixante millions or, c'était peut-être trop si l'on considérait que quelques illustres complices (à des degrés divers) n'avaient pas même été égratignés.

Mais c'était peu quand on pensait aux victimes, et notamment à Me Dumort qui, après avoir régularisé sa situation et payé ses dettes, se suicida le 13 mai 1909.

Le mode tragique n'avait jamais réussi à Thérèse. Il arriva ce qu'elle redoutait le plus : on l'oublia.

Achevé d'imprimer sur les presses de l'imprimerie Brodard et Taupin
58, rue Jean Bleuzen, Vanves. Usine de La Flèche,
le 5 juin 1985
1995-5 Dépôt légal juin 1985. ISBN : 2 - 277 - 21838 - 3
Imprimé en France

1838
★★

Editions J'ai Lu
27, rue Cassette, 75006 Paris
diffusion France et étranger : Flammarion